清代学术概论

梁启超 ／ 撰

朱维铮 ／ 导读

蓬莱阁典藏系列

上海古籍出版社

图书在版编目(CIP)数据

清代学术概论/梁启超撰;朱维铮导读. —上海:
上海古籍出版社,2019.5
(蓬莱阁典藏系列)
ISBN 978-7-5325-8908-1

Ⅰ.①清… Ⅱ.①梁… ②朱… Ⅲ.①学术思想-概
论-中国-清代 Ⅳ.①B249

中国版本图书馆 CIP 数据核字(2018)第 134333 号

蓬莱阁典藏系列

清代学术概论

梁启超 撰 朱维铮 导读

上海古籍出版社 出版、发行

(上海市瑞金二路 272 号 邮政编码 200020)
(1) 地址:www.guji.com.cn
(2) E-mail:guji1@guji.com.cn
(3) 易文网网址:www.ewen.co

印 刷 江阴金马印刷有限公司
开 本 787×1092 1/32
印 张 8.5
插 页 5
字 数 121,000
版 次 2019 年 5 月第 1 版 2019 年 5 月第 1 次印刷
ISBN 978-7-5325-8908-1/K·2514
定 价 36.00 元

出版说明

中国传统学术发展到晚清民国，进入一个关键的转折时期。面对"数千年未有之变局"，旧传统与新思想无时不在激荡中融汇，学术也因而别开生面。士人的眼界既开，学殖又厚，遂有一批大师级学者与经典性著作涌现。这批大师级学者在大变局中深刻反思，跳出旧传统的窠臼，拥抱新思想的精粹，故其成就者大。本社以此时期的大师级学者经典性著作具有开创性，遂延请当今著名专家为之撰写导读，希冀借助今之专家，诠释昔之大师，以引导读者理解其学术源流、文化背景等。是以本社编有"蓬莱阁丛书"，其意以为汉人将庋藏要籍的馆阁比作道家蓬莱山，后世遂称藏书阁为"蓬莱阁"，因借取而为丛书名。"蓬莱阁丛书"推出后风行海内,为无数学子涉猎学术提供了阶梯。今推出"蓬莱阁典藏系列",萃取"蓬莱阁丛书"之精华,希望大师的经典之作与专家的精赅之论珠联璧合,继续帮助读者理解中国传统学术的发展与大师的治学风范。

目　录

---

* 原著分节以数序,六角括号内的节题是校注者所加。

《清代学术概论》导读

朱维铮

清学史的经典性名著

梁启超的《清代学术概论》，初稿著成于一九二〇年十月。[①]正如作者自述，它本是作者应邀为友人蒋方震所著《欧洲文艺复兴史》写的序言，就是说原来没有打算写成一部书。[②]

然而原题《前清一代中国思想界之蜕变》的这篇序言，也如作者自述："既而下笔不能自休，遂成数万言，篇幅几与原书埒；天下古今，固无此等序文；脱稿后，只得对于蒋书宣告独立矣。"[③]

"独立"后的长序，已被梁启超当成一部著作，因而在交给他和蒋方震共同主编的《改造》杂志连载的同时，又寄交张元济主持的上海商务印书馆出版单行本。单行本在一九二一年二月出版，负责的编辑是陈叔通。[④]

显而易见，梁启超的这部著作，只能说是无心插柳的一个结果。倘若以今律"古"，这个结果甚至不配称作硕果——难道薄薄五万来字的一本小册子，引用他人论著或本人旧说，多半都不加注，可以认作学术专著吗？

岂知历史效应出人意表。《清代学术概论》，虽属短书，形式又不合后世的学术教条，在出版后却在读者中不胫而走。谁都知道当年的上海商务印书馆主持者很有"经济"头脑，他们在梁启超死后第三年即一九三二年，赶在中华书局将本书收入《饮冰室合集》而印出之前又抢先出了本书第八版，便可证本书受读者欢迎的程度。

畅销书未必赢得雅俗共赏。某些俗不可耐的劣作，借助权力、金钱或"关系"，而被趋炎附势的所谓传播媒介"炒"成畅销书，在中外的例证比比皆是。

严格地说，作为总结清帝国二百六十七年学术变迁史的

《清代学术概论》，既非同类课题的首出之作，更非具有专门史经典意义的佳作。

当然，梁启超在清末民初的改革家兼政论家的名望，可能是促使本书畅销的一个原因。如胡适在一九二三年所撰《五十年来中国文学的变迁大势》一文中，论及梁启超在清末《时务报》《新民丛报》所作政论文的效应所说的，"二十年来的读书人，差不多没有不受他的文章的影响的"。

但文章与学问，属于并不同归的殊途。梁启超从学习桐城派古文而化出更为直捷明快的"新民体"，在自幼诵习八股制艺的晚清读书人看来，确实有梁启超自赞的"魔力"。⑤但正如梁启超与乃师康有为在戊戌维新时期倡导的不缠足运动的效应那样，裹小脚的妇女抛弃裹脚布，固然是惊世骇俗的一种解放，而在提倡"天足"的女权主义者看来，不再裹足的妇女依旧是"小脚女人"。梁启超在《新民丛报》上论著提供的文章范例，那种杂糅桐城派古文与《三国演义》之类小说文体的"新民体"，在清末虽被厌倦八股文程式的青年学子激赏，但在文言文被白话文取代以后，自然也对读者越来越缺乏"魔力"。

可见,从本书初版以来,四分之三世纪过去了,它不仅仍能吸引一代又一代的青年学子,成为他们了解清代学术文化史的入门必读书,而且在学者中间,它的价值也不断上升,乃至成了清学史研究必备的经典性名著,那秘密当然主要不在文字。

不消说,《清代学术概论》所以能够获得雅俗共赏的悠远效应,秘密在于它的内容。梁启超不是思想家,但对中外古今的思想学说都极感兴趣。他也不是纯学者,但也许饱受康有为教导的缘故,尤其爱好考察"学术源流"。⑥他是清末的改革家,民初更直接登上国内政坛,直到去世前夜,不仅亲历了从戊戌维新到北伐战争的三十年间中国政局的一切变化,而且多次置身于变化的漩涡中心。他是政论家,也从事实际的政治活动,因而他的政论取向,不能不对他的历史认识产生莫大的影响,反过来说也就是"以史论为政"⑦,或者说他观察历史,总以他自己的政治经验作为判断尺度。他其实并不隐讳这一点。《清代学术概论》的作者自序,劈头便说"吾著此篇之动机",首先是因为接受胡适的劝告,记述自己"实躬与其役"

的晚清今文学运动云云,即为例证。

可见,《清代学术概论》,并不是一部单纯的论述清代"思想界之蜕变"的专门史著作,同时也是梁启超个人的一部学术回忆录。作者曾在清末舆论界执牛耳的地位,本来就使人们对他在政、学两界的实际经验感到好奇,并且不断歆动学者们的研究兴味,况且作者又强调,他自述这段历史,"纯以超然客观之精神论列之,即以现在执笔之另一梁启超,批评三十年来史料上之梁启超也"。他是否做到了对于"史料上的梁启超力求忠实"⑧,容后讨论,但随着不忠实的风气愈来愈成为叙述与己有关的历史的一种时尚,这种"精神"也愈来愈对读者具有吸引力,似也难以置疑。

梁启超与"五四事件"

《清代学术概论》初稿问世的时候,正值"五四运动"爆发一年有半。

以一九一九年五月四日北京学生涌到天安门前向北洋政府进行示威活动为开端的"五四运动",它的历史取向与未来效应,海内外学者仍然异说纷纭,但它的导火线是当时的北京政府在巴黎和会上出卖"国权",则无疑义。

梁启超没有直接卷入北京的"五四事件",却可说是引爆这次事件的重要人物。因为他这时正以出席巴黎和会的中国代表团顾问身份,坐在凡尔赛宫里注视着美英法意日等第一次世界大战的胜方即所谓协约国的头儿们,如何就曾被德国侵占而后又被日本"承继"的中国领土青岛的主权问题进行争斗。同时又作为京沪名流组成的"国民外交协会"的代表,不断将列强间关于"交还青岛"的所谓交涉进程,电告国内。⑨

中国曾经站在协约国一方向德奥宣战。因而一九一七年十一月第一次世界大战以德国认输告终,曾使众多的中国人尤其是青年学生十分振奋,以为随着"公理战胜",站在"正义"一方的中国,从此不再遭受"强权"的凌侮。那转折点当然首先是和会将主持"正义",在山东半岛问题上,"不承认日本承继德国权利"。⑩然而一九一九年一月开幕的巴黎和会,实际进程正好与中国人民的期望背道而驰,最终证明大战后的世界仍是"强权"占主宰地位。幻灭化为愤怒,当和会终于以北京政府在大战结束前夜已就青岛主权转让与日本订有密约为口实,同意日本的蛮横要求,这时中国人的愤怒,以北京学生涌到天安门前举行示威活动为契机,化作决堤的洪水,便是必然的了。⑪

然而"五四事件"恰巧在一九一九年五月四日那天发生,则属于必然中的偶然。造成这一偶然性的因素很多,而梁启超从巴黎发回的现场报道,无疑起了引爆作用。

事情要从中国怎么会宣布参加第一次世界大战说起。这次战争始于一九一四年八月,那时梁启超还是袁世凯政府的内阁阁员。他关注的重心是内政。他在清末本是君主立宪运动的中坚,鼓吹"开明专制",到民初却化身为拥护共和制的明星。两次君主制复辟,无论袁世凯帝制自为还是张勋以武力拥戴亡清废帝重坐龙庭,梁启超都是讨伐战争的策划者。这既使他博得了善变政客的恶名,又使他赢得了"再造共和"的美誉。⑫显然是日本曾以独占中国侵略权益的"二十一条"作为支持洪宪帝制的条件,使得梁启超在"护国战争"结束后,便将目光移向外交,力促北京的内阁总理段祺瑞站在协约国一边向德奥宣战。他的理由却还是在内不在外,以为这一来可收到联美制日的效应,保住中国的主权。⑬

当一九一七年七月段祺瑞依赖梁启超的策划起兵讨伐"丁巳复辟"得手而再度组阁时,给梁启超的位置却是财政总长,任务无疑是为新的内战筹措军费。因为当时孙中山正在章太炎等支持下南下广州组织"护法"国会与军政府,南北分裂已成定局。梁启超再度显示他的机智,于同年八月十四日即广州军政府成立前夕,说服段祺瑞抢先以中国合法政府名义,发布了由他起草的对德奥宣战的布告。⑭

但梁启超虽能越俎代庖,替北京政府在外交上争得"法统"地位,从而使广州政府难以获得列强承认,却没能做稳"财神"。北京政府财政空虚,而各路军阀却不断向它要钱,作为拥段反孙的代价。梁启超只好违反初衷,向日本银行团借钱济穷,主持签署了"第二次善后大借款",不消说要以主权做抵押。这当然立即让国人记起"二十一条",于是舆论大哗。段总理只好牺牲梁财长以保全执政地位⑮,时在一九一七年十一月。

那是梁启超官运的终结。虽然他下野后，依然是由进步党变形的研究系头领，直到一九二九年一月不足五十七岁去世，也没有失去从政的兴趣，但主要活动方向却逐渐转为著书教书。例如他辞去财政总长后家居一年里，便曾致力于研究碑刻和撰写《中国通史》，并为他的儿女们讲授"学术流别"，其中有一个题目便是"前清一代学术"。[16]

不过梁启超到底难耐寂寞，"中止政治生涯"未及两月，他便与朋友筹画组织松社，既讲学，也出杂志，同时"作出游之计"。[17]

欧战以协约国得胜告终，给力主中国参战的梁启超带来了出头机会。他很快取得大总统徐世昌的支持，由政府提供大半旅费，"以个人资格前往欧洲"。[18]陪同出游的有六人，都是研究系的名流学者。[19]就在他"为欧战和议问题操心"的时候，他在天津家中初次会见了特来"趋谒"的北京大学教授胡适。[20]

梁启超一行于一九一八年十二月底从上海启程，一九二○年三月初返抵上海，除去往返舟程，在欧洲漫游了将近一年。

他赴欧本有政治使命,出席巴黎和会的中国代表团顾问的头衔便是明证。但他很快发现,这个顾问不好当。原来,一九一八年十月徐世昌任总统后即下令南北休战,并在十一月欧战结束后获得广州军政府响应,双方派员共同组成专使团出席巴黎和会,颇合"兄弟阋于墙而外御其侮"的古训。然而历史的教训终究敌不过党派乃至个人的利益,于是专使团又在外国的宫墙里面"内讧"了。

中国专使五人,首席为北京政府前任外交总长陆徵祥,次席为广州非常国会副议长王正廷,而代表中方与日使争论的主辩手,则是驻美公使顾维钧。争执的焦点是中国"不承认日本承继德国(在山东)的权利",并要求和会按美国总统威尔逊提出的维护国际和平的十四点主张,取消原北京政府与日本订立的密约。操纵和会的所谓四强,英法支持日本,美意同情中国,而主持和会的美国总统威尔逊的态度更属关键。据梁启超于一九一九年三月中旬致北京政府的电报,说是根据威尔逊的主张,密约"可望取消,尚乞政府勿再授人口实"。[21]

就在美国尚未对青岛是否转让给日本一事公开表态，中国外交似乎有利之际，王正廷突然致电上海报界，指斥专使团中有"某些卖国贼"。他攻击的首先是陆徵祥，自在意中，但他的"某些"一词的暗示，据来自广州的解释，则包括顾维钧和梁启超。据梁启超在家信中说，此人"以为大功告成在即，欲攘他人之功，又恐功转为人所攘"，因此既排顾、陆，又株连及梁。㉒但无论王正廷此举是否出于私心，梁启超面对"谣言之兴"，必须表明立场。

梁启超的机变显然超过王正廷，在四月三十日美英法意四国政府首脑秘密会议决定把德国在山东的侵略权益全部转让日本之后，他立即以国民外交协会代表的身份，致电给他的密友汪大燮、林长民，报告这一消息："请警告政府及国民严责各全权（当然包括广州政府所派专使王正廷——引注），万勿署名，以示决心。"㉓林长民自然会意，得电立即捅给报界，时在一九一九年五月二日。㉔

北京学生受王正廷指斥的鼓动，相信陆徵祥、顾维钧都属于北京政府派入和会专使团内的"卖国贼"。陆徵祥作为袁世凯政府与日本签订"二十一条"的外交总长,有"卖国"的前科可征。顾维钧呢? 他本是著名的亲美外交家,但据广州传到上海的消息,他即将与北京政府现任外交总长曹汝霖的三女儿订婚,即将转向亲日。㉕

中国人本有将"治国"视作"齐家"的延伸的传统,即如受《新青年》熏陶而自命"新潮"的北京大学学生,也没能脱出将家族利益作为判断国政是非尺度的成见。王正廷的指斥,迅速引起北京学生的回应,进而查找政府中的"卖国贼",确定为曹汝霖和驻日公使章宗祥,便是顺理成章的。北京学生群情激愤,决定在一九一九年五月七日即袁世凯政府接受日本天皇关于"二十一条"最后通牒四周年那天,上街举行反对政府媚日卖国的大游行。岂知出乎广州政权意外,经过林长民迅即将梁启超"请警告政府及国民严责各全权,万勿署名,以示决心"的电文公诸于众,竟使北京学生将在天安门前集会举行游行示威的日期提前三天,出现震撼中外的"五四事件",而梁启超也被舆论视作这场爱国运动的直接挑动者。㉖

历史的偶然与必然,是否属于辩证法所称的真理,在学者中仍属争论的课题。梁启超与"五四运动"的相关度,至今也未见专论。但历史的进程表明,发生在一九一九年五月四日的北京学生聚集天安门前抗议政府出卖国权的群众运动,引爆导火线的是远在巴黎的梁启超,则是不争的事实。

同样属于不争的事实,是梁启超当初并没有预料到他的行为的效应。前揭他的致弟家信作于"五四事件"后三十四天㉗,仍对王正廷对他的攻击不能释于怀,便是明证。

因此,在巴黎和会结束以后,梁启超和他的"考察团"㉘,非但不乘势回国扩展已在思想界引发的效应,反而继续在欧洲漫游,便是可以理解的了。

"迷梦的政治活动"

梁启超说他在启程去国的前夜,在上海与他的研究系同道,包括随他欧游的蒋方震、张嘉森、刘崇杰,留在国内的张东荪、黄群和支持他们的企业家张謇等,通宵聚谈:"着实将从前迷梦的政治活动忏悔一番,相约以后决然舍弃,要从思想界尽些微力,这一席话要算我们朋辈中换了一个新生命了。"㉙

用不着讨论梁启超的忏悔是否真诚。这番话见于一九二〇年三月他回国后发表的《欧游心影录》，就是说属于事后追忆，没有直接佐证。况且即使确有其事，确属真诚，也只不过表征他赴欧前夕的心境，难保以后不变。他稍后发表的《清代学术概论》，不就又自承"不惜以今日之我，难昔日之我"吗？

不过欧游一年，对梁启超的思想与政见的影响确实不小，尽管未必可说"换了一个新生命"，却在言论取向上起了一个大变化。

我们都知道，在上个世纪末，梁启超是以鼓吹"全盘西化"论扬名于世的。那时他的西化论，名曰"变法维新"，内容很简单，所谓"变法之本，在育人才；人才之兴，在开学校；学校之立，在变科举；而一切要其大成，在变官制"。③逻辑是不错的，却也证明他对所谓西学西政的了解，不过限于在华西方传教士所办《万国公报》与广学会诸译著所介绍的那些皮毛。而且他所仰慕的西化模式，实际是黄遵宪所介绍的日本"明治维新"。这一点，当时在上海的马相伯、马建忠兄弟已看出来了。马相伯曾惋惜这位年轻人不明西方实情而鼓吹西化，并因此指责黄遵宪"贼夫人之子",而马建忠则自愿充当梁启超的拉丁文教师。[31]

然而梁启超真正明白日本的"变政"并非全盘西化,也非得自马氏兄弟的开导,而是得自戊戌八月政变迫使他成为政治流亡者而长住日本以后的观察。如所周知,梁启超流亡日本,虽成为他的老师康有为创设的"保救大清皇帝公司"即俗称保皇会的要角,乃至被时人看作这个古怪组织的副首领。但他的言论,却表明他对模拟明治维新愈来愈不感兴趣,相反却与章太炎恢复旧谊,愈来愈倾向后者鼓吹的"排满革命"论。这使康有为多么紧张,不仅在私函中申斥梁启超"流质易变"[32],而且发表公开信予以指责,由此引出章太炎的《驳康有为论革命书》,并酿成震动中外的《苏报》案,可证。[33]

奇怪的是梁启超在一九〇四年《苏报》案后,却转而力主保皇,并成为稍后建立的同盟会的劲敌。促他转向的因素颇复杂,而那年他赴北美十个月的见闻,则无疑是一大原因。

这以前,梁启超到过檀香山,到过澳洲,但真的了解西化为何物,却是这次"新大陆"之行。

梁启超本有历史感,行前又向往民主革命,因而对独立战争造成的美国状况,无论政俗民情,都好刨根问底。美国民主过程经历的错综斗争已令他惊愕,美国社会现实存在的复杂矛盾也令他瞠目,尤其令他意外的,是同一法制下的白人社会和华人社会,在"政治能力"方面的巨大反差。他到处搜集华人社会状况的资料,用他所谓卢梭式的民主自由尺度衡量,以为中国人非但缺乏"市民资格"、"国家思想",更缺乏造成西方精神文明的"高尚之目的","只能受专制不能享自由"。他由此推论,生活在法制国的华人尚如此,何况习于专制国的内地人!

吾祝吾祷,吾讴吾思,吾惟祝祷讴思我国得如管子、商君、来喀瓦士、克伦威尔其人者生于今日,以铁以火,陶冶锻炼吾国民二十年三十年乃至五十年,夫然后与之读卢梭书!夫然后与之谈华盛顿之事![34]

这说法其实是黄遵宪"专欲尊王权以导民权"的回声[35],

却又是十年后孙中山"建国三阶段论"的先驱。章太炎早称梁与孙"所争不在宗旨而在权利"③,由此也可得一证。因此,当梁启超在美国得知章太炎、邹容在《苏报》案中被捕乃由吴敬恒"告密"的传闻,回应竟是"中国之亡,不亡于顽固,乃亡于新党","惩新党梦乱腐败之状,乃益不敢复倡革义矣!"㉟这可能是他自饰转向的托辞,却也是他上述逻辑必定演绎出来的心声。

于是梁启超"归自美利坚而作俄罗斯之梦"了。㊳这使黄遵宪欣喜,也使康有为宽慰。㊴可是梁启超于一九〇六年一月在《新民丛报》开始连载的《开明专制论》,固然惹得《民报》的政论家们大恼,却表明他仍以为光绪皇帝决非彼得大帝。与康有为的期待不同,他寄希望于某个能以专制铁腕推行"宪政"的强人,而无论其为君主还是僭主。由他代清廷五大臣起草出洋考察宪政的奏折,可证他心目中的彼得大帝,实为那个悬赏十万两白银购买他和康有为头颅的慈禧太后。果不其然,同年九月这个老太婆同意下诏"预备立宪"。梁启超很得意,立即著文说"从此政治革命问题,可告一段落,此后所当研

究者,即在此过渡时代之条理何如".⑩

慈禧岂是能容帝国有反对派合法活动余地的"开明"僭主!梁启超历尽辛苦,拉出学贯中西的政界耆老马相伯,充任他组织的政闻社的"总务员",却外遭同盟会冲击,内被慈禧封禁,害得他一团高兴化为乌有。⑪

可幸慈禧的假立宪,触发了全国各省的绅商参政运动。早在"庚子拳变"时期已显示脱离清廷控制的东南各省,绅商领袖率先利用慈禧"预备立宪"的许诺,纷纷成立咨议局,保护地方利益,尤其是铁路民办权。这批名流需要非革命的改革论,他们不约而同地赞赏梁启超在光绪、慈禧相继死后出版的《国风报》宗旨,所谓"忠告政府,指导国民",而将帝国出路归结为速开国会。⑫

可惜政府不听梁某"忠告"。满洲皇家那班纨袴子弟,刚失去老太后约束,便对她的顾命大臣下手,赶跑袁世凯,气死张之洞,这时又继续侮弄巴望以"革政"代"革命"的地方士绅领袖,悍然成立"皇族内阁",沐猴而冠,好不得意,恰好反证革命党人呼号"排满"有理。连"四民"之首的咨议局士绅,也带头在帝国腹心地区借保路为由同满洲政府大闹,国民岂听梁某"指导"?

于是改变中国历史的辛亥革命,便在似乎无望的时间,似乎平静的地点,由前任湖广总督张之洞招募的武昌新军中向往"满洲一倒,一切自好"的青年士兵,秘密制造炸弹失手的一次偶然事件,被引爆了。

国内风云陡变,使尚在东瀛策划如何说服摄政王开放党禁的康梁不知所措。他们不相信帝国将从此断气。梁启超想出的对策,先是火中取栗,所谓"和袁慰革,逼满服汉"。他不料革命党竟不顾军事失利,在孙中山回国后便宣告中华民国成立。他也不料袁世凯被满洲皇室在途穷无计中敦请复出后,反而依仗武力,乘乱得手,用接受民国招牌作手段,逼迫清室小皇帝和民国大总统,双双退位,自己披上了合法元首的衮服。

梁启超终究善于审时度势,赶紧变策略为移花就木,不惜先在保皇党内部"逼宫",力劝康有为退隐,以示向共和制输诚。这自然使康有为大恼,却使袁世凯大乐,他正需要梁启超化敌为友,帮助他在舆论界树立新形象。

哪知道事态发展竟被康有为"不幸而言中"。㊺梁启超原把袁世凯当作曹操,指望他"参用开明专制之意","以奏整齐严肃之治"。㊻直到袁世凯刺杀宋教仁,打掉孙中山、黄兴仓皇发动的"二次革命",将孙黄再度赶出国门亡命,而将厉斥他为"新莽"的章太炎变成囚徒,这时梁启超仍然忘记"兔死狐悲"的古训,还替袁世凯出主意,说今后应仿曹操故伎,"挟国会以号召天下"。㊼袁世凯佯作听从,即命在"宋案"后乘国民党议员作鸟兽散而跃居国会第一大党的进步党组阁。梁启超乃此党实际领袖,出任司法总长,而大政方针都由他与总理熊希龄共商草拟。可是这个"人才内阁",仅开张三个月,便被袁世凯用解散国会的一纸命令,取消了存在理由。它倒台后,梁被袁任命为币制局总裁。他好像还迟迟未悟自己已如被王莽称帝前玩弄的"国师公"刘歆,投诸闲散十个月,才承认无所事事,"以不才之才为无用之用"为由请辞,却正好授袁总统奚落他"实无用"以话柄。㊽

然而袁世凯显然已被皇帝梦冲昏了头,低估了梁启超的能量,把梁氏绝意政治的声明视作书生怯弱的表征,放任他移家出京。随即杨度填补了梁启超留下的舆论领袖空白,替当世王莽做真皇帝鼓噪。已任参政院参政的逊清遗老汪凤瀛大为袁世凯担忧,让其子汪荣宝代草条陈,说是袁之总统权力已举世无匹,"是中国今日共和二字仅存国体之虚名,实际固已极端用开明专制之例矣",而改总统为皇帝,只能务虚名而招实祸,所谓"七不可"。⑩我们不知梁启超是否见过这道条陈,但知他已与门生蔡锷密谋起兵讨伐袁世凯复辟帝制,他那举国视作为护国运动的先声的《异哉国体问题者》一文,反复辩理由也与汪氏父子条陈雷同。

民国五年六月,袁世凯终于在以"罪己"令宣布取消洪宪帝制两个半月后羞愤死去。梁启超策划的护国运动取得成功,也洗刷了自己的假共和的污名。

问题是倒袁后北洋军头们群龙无首,南方各派军阀也无所忌惮。梁启超和他的研究系朋友,除拥戴皖系军头段祺瑞组阁外别无选择,却急于制订一部宪法收拾人心。困难在于谋求国际支持以恢复"中央集权"。

那时欧战由于美国参与，形成世界大战，而且形势有利于协约国。梁启超以为乘欧战之机出兵侵占胶州湾的日本对中国威胁最大，但日本正以反德为名受英国支持，于是他想出对策，用对德绝交来联美制日，再利用日本可能因此造成的担忧，迫使其出钱帮助北京政府以扩展在中国的权益。设计似乎不错，缺点在于忘记外交是内政的延伸。

他力促段祺瑞宣布对德绝交，却造成重开的国会内各派系剧烈争吵，并造成总统黎元洪和总理段祺瑞的"府院之争"。黎为逐段下台，解散国会，招请辫帅张勋入京，以北洋制北洋。不意张勋立即与康有为合作，演出了"文武二圣"拥戴亡清废帝重坐龙庭的"丁巳复辟"丑剧。

梁启超这回行动更快，于一九一七年七月一日张勋宣布复辟当天便通电反对，随即说动段祺瑞举行"马厂誓师"，仅用十天便将张勋、康有为分别驱入荷、美驻京使馆寻求庇护。当然，他与段祺瑞"再造共和"，不仅成为段内阁的财政总长，还使他的对德奥宣战的外交谋略化作实践。他没想到藉此诱导日本向段内阁输血的"第二次善后大借款"，却使他栽了大跟斗,仅任财长四个月便黯然下台。从此被北洋军头们抛弃,到死也没能重返政坛。

这就是梁启超自述赴欧前夜与他的派系主要成员忏悔"从前迷梦的政治活动"的由来。那以后,确切地说是从一九二〇年三月他从欧洲回国以后,到他于一九二九年一月病逝前,总共八年多,他主要以学者面目现身。

然而这位至死"仍于政治方面有泛运动之兴趣"⑧的人物,晚年的学者生涯,其实是中年的政治生涯的直接继续。但迄今为止的梁启超研究,对他中年从政那十年的历史,罕有讨论。这对了解他早年作为政论家的取向不利,更对了解他晚年作为学者论史的命意造成困难。因此,我在讨论《清代学术概论》成稿前,对于那十年梁启超的生涯,略作介绍,也许不算辞费。

映现危机意识的"心影"

《欧游心影录节录》是梁启超于一九二〇年三月返国伊始发表的第一部著作。它的首篇《欧游中之一般观察及一般感想》——又分上下篇,分别题作《大战前后之欧洲》、《中国人之自觉》,先后在上海的《时事新报》和北京的《晨报》连载⑭,立即引起轰动。

引起轰动的主要是文中的两个见解,那就是对"科学万能"的诅咒,对"东方文明"的讴歌。

据梁启超说,将欧洲打得满目疮痍并诱发社会革命暗潮的列强战争,祸起于百年来催眠欧洲人的"科学万能之梦",而祸首则在于达尔文的生物进化论,所谓"生存竞争,优胜劣败";它使"自己本位的个人主义"走向极端,于是崇拜势力、崇拜金钱成了天经地义,军国主义、帝国主义变为最时髦的政治方针。"这回全世界国际大战争,其起原实由于此;将来各国内阶级大战争,其起原也实由于此。"⑤

梁启超似乎忘记了,当上个世纪九十年代严复"达恉"的《天演论》手稿甫成,首先被迷倒的正是他本人。㉛其实他并不健忘,他在《欧游心影录》中矢口不提斯宾塞便是明证。达尔文称生物界的生存竞争法则为"自然淘汰"——后人译为"自然选择"更切合原意,而斯宾塞不仅以为生存竞争也是人类社会的"第一原理",还将它表述为"优胜劣败,弱肉强食"。这一点早由严复揭示,继由章太炎与曾广钧合译的《斯宾塞尔文集》所证明,嗣后在梁启超本人的政论中屡被引作不证自明的人类公理。倘说中国人也曾被进化论催眠,大做"科学万能之梦",并进而做起"自己本位"之梦的话,那首唱者中便有梁启超。谓予不信,只消一瞥《饮冰室自由书》。

因此,当梁启超在巴黎近郊的寒冷别墅中,与蒋百里、张君劢等旦夕聚谈,而后奋笔讥诮"科学先生",说是它好比沙漠中迷路的旅人发现的一个"大黑影",令讴歌科学万能的人拼命追赶,以为它可以成为找到黄金世界的向导,"那知赶上几程,影子却不见了,因此无限凄惶失望。影子是谁? 就是这位'科学先生'! 欧洲人做了一场科学万能的大梦,到如今却叫起科学破产来。这便是最近思潮变迁一个大关键了。"[32]这时,他究竟在嘲笑欧洲人,还是在影射正在热情礼赞"赛先生"的中国的新青年们,还消说吗?[33]

于是,在近代中国堪称提倡"思想解放",即把西洋文明视作人类大同的未来楷模的鼓手的梁启超,这时仍然强调中国应该成为"世界主义的国家",应该坚持"思想解放",而且必须"彻底",却倒过来将目标定位于"中国人对于世界文明之大责任",㊹也毫不奇怪。

古老的中华文明,在人类历史上曾对世界文明做过巨大贡献,这是人所共知的。当年戊戌维新运动的名角康有为、谭嗣同、梁启超等,将中国的出路寄托在"全盘西化",甚至将斯宾塞的社会达尔文主义比附为《尚书》已有的"兼弱攻昧,取乱侮亡"学说,从而如《仁学》宣称西方侵略只会促使中国进化,或者如《康南海传》宣称的利用孔教也必须模拟德国的马丁·路德,那当然是行不通的。可是,欧战固然暴露了西洋文明的种种弊病,却正如梁启超早在本世纪初发表的《新史学》赞赏的斯宾塞的"邻猫生子"说,假定邻居失火,难道就可反证自家房屋具有避免失火的神奇功能吗?

梁启超恰在这一点上失足。他同情"五四事件"的爱国学生㊺,却反对"五四运动"表征新文化的方向。㊻因此,他在《欧游心影录》中,宣称"西洋文明已经破产",而造成破产的正是"科学先生",便只能说是在批评"五四"时期那班新青年将新文化运动引错了路。

不过梁启超对他所谓过信"科学万能",而在近代西方世界造成的负面作用,也就是他说的"现今思想界的最大危机"的分析,却不能视作纯属危言耸听,不妨引录如次:

宗教和旧哲学,既已被科学打得个旗靡辙乱,这位"科学先生"便自当仁不让起来,要凭他的试验发明个宇宙新大原理。却是那大原理且不消说,敢是各科各科的小原理,也是日新月异,今日认为真理,明日已成谬见;新权威到底树立不起来,旧权威却是不可恢复了。所以全社会人心,都陷入怀疑沈闷畏惧之中,好像失了罗针的海船遇着风遇着雾,不知前途怎生是好。既然如此,所以那些什么乐利主义强权主义越发得势:死后既没有天堂,只好尽这几十年尽地快活!善恶既没有责任,何妨尽我的手段来充满我个人欲望!然而享用的物质增加速率,总不能和欲望的腾升同一比例,而且没有法子令他均衡,怎么好呢?只有凭自己的力量自由竞争起来。质而言之,就是弱肉强食!近年来什么军阀什么财阀,都是从这条路产生出来的。这回大战争，便是一个报应。诸君又须知，我们若是终久立在这种唯物的机械的人生观上头，岂独军阀财阀的专横可憎可恨，就是工团的同盟抵抗乃至社会革命还不是同一种强权作用！不过从前强权，在那一班少数人手里，往后的强权，移在这一班多数人手里罢了。总之，在这种人生观底下，那么千千万万人前脚接后脚的来这世界走一趟住几十年，干什么呢？独一无二的目的就是抢面包吃。不然就是怕那宇宙间物质运动的大轮子缺了发动力，特自来供给他燃料。果真这样，人生还有一毫意味，人类还有一毫价值吗？⑰

用不着指出这段话在经济学政治学上的理论偏见。单看他把"弱肉强食"，说成科学破坏旧宗教旧伦理权威所诱发的恶果，便是反历史的。前引他和谭嗣同等在戊戌维新时期，都把相传是商朝名相仲虺发明的"兼弱攻昧、取乱侮亡"奉作人类公理，那难道是孔德的实证论或达尔文的种源论教诲的结果么？中世纪的中国史家，都好用"饱暖思淫欲，饥寒起盗心"一类说法，来解释政府腐败和民众暴动的起因，岂非将人生目的看作

"抢面包吃"在中国古已有之的明证么？

可是梁启超提出了"五四"新青年虔信"德、赛"二先生能救中国所存在的悖论，却是对那时代社会思潮的主流的一种针砭，则无可否认。他的针砭本身也属于悖论，如他在批判"科学万能之梦"一节"自注"所说，"我绝不承认科学破产，不过也不承认科学万能罢了"。㉘这个悖论蕴涵的矛盾，甚至在他的门徒中也激发争论。后来发生的著名的"科玄论战"，在科学与人生观问题上各执一端的双方主将，竟是一同陪他欧游的丁文江和张君劢，就是确证。

问题没有解决，但在欧洲所见与从国内传来的所闻，取向如此相反，却使梁启超焦虑。他既然认定新文化运动已误入歧途，因而不惜再度"难昔日之我"，现身说法，在把"西洋文明已经破产"当作经验事实的同时，转而对他从前曾经以激烈语调否定过的"东方文明"，特别是正遭"五四"新青年们痛打的"孔家店"的传统的未来命运，重作反思，便可以理解。

作为"新史学"的倡导者，梁启超早在本世纪初就和章太炎共商编纂一部《中国通史》。㉙时过十六年，即欧游前一年，梁启超在被迫退出民国政坛后，曾把独力撰成《中国通史》当作主要事业。计划照例半途而废，但显然更增强了他的历史感。

徘徊于治学与问政之间

由于《欧游心影录》关于东西文明的论述，引发了"五四"后中国思想界关于东西文明问题的长期论战，由于梁启超在此书《中国人之自觉》末节的结语⑩，被梁漱溟在《东西文化及其哲学》一书中大加发挥，遂使梁启超晚年的学术思想，成为迄今争论不休的课题。有的西方汉学家乃至将他定性为"新传统主义者"。⑪

这里不想讨论梁启超与梁漱溟的见解同异。还是引梁启超在《欧游心影录》首篇结语中的原话作证。他在以夸张的笔调述说"近来西洋学者，许多都想输入些东方文明"⑫之后，有一段对青年的希望，希望青年们研究传统：

第一步，要人人存一个尊重爱护本国文化的诚意。第二步,要用那西洋人研究学问的方法去研究他,得他的真相。第三步,把自己的文化综合起来,还拿别人的来补助他,叫他起一种化合作用,成了一个新文化系统。第四步,把这新系统往外扩充,叫人类全体都得着他好处。⑱

这个四步走的设计,出发点当然是对"菲薄孔子"乃至否定中国全部"旧学"的批评。⑭然而批评别人走一极端,并不反证自己将走另一极端。梁启超在提出这设计前,先对"故步自封"和"沈醉西风"两种倾向,都报以嘲笑,至少表明他对那种非此即彼的直线思维方式,是不满的。他设想未来全人类应共有"新文化系统",固然已沾上后来陶希圣辈"中国文化本位"论那种臭味,但他以为异质文化应该互补,通过化合,而后才能创造出真正的"新文化",便胜似如今实属亨丁顿及其批判者共识的所谓"文明冲突"论。

只是梁启超总也忘情不了政治。他归国后便筹组共学社,宗旨是"培养新人才,宣传新文化,开拓新政治"⑮,并将研究系的《解放与改造》杂志重组为共学社的机关刊物《改造》,

由他和蒋方震同任主编。⑥

这个小团体想为所谓学者社会代表的中等阶级"开拓新政治",原属空中楼阁,事实也表明他们仍想利用某派军阀的实力支持,从事"国民制宪运动"⑥,但又企图同时抓教育,造舆论,所谓"于社会方面下筑基础之苦工"。⑥然而共学社甫立,三点宗旨如何同时付诸实践,便使身为领袖的梁启超支绌为难。因为无论讲学或办学,著书或作文,创办中外合资公司或为《改造》杂志募集经费,乃至筹画邀请罗素、柏格森等来华讲学,分主其事的社员都要他出头,用蒋方震的话说,"非任公自身出马,先冲出去不可"。⑥

那时梁启超四十五岁,年富力强,精力更显得超群,但要以一身推进"言论与政治并行"⑩,顾此失彼,自不可免。"五四"时期,由于以东南为主的一批学者名流的提倡,认为民国的出路在于"联省自治",这一政治主张也歆动了某些军阀。梁启超归国后对此说甚表钟情。他说服了直系军头吴佩孚,出面集合各省各团体举行"国民大会",自任起草宪法,并想借机迫使各派军阀交出兵权,在"国民制宪"的同时掀起"废兵运动"。这更使希望他潜心讲学著述以为团体构筑基础的同道失望,说他是"仍于政治方面有泛运动的兴趣","仍在浮处用力,不在实处用力"。⑪

这批评说对了一半。所谓联省自治,似想真实行的唯有湖南军头赵恒惕,曾宣布本省自治,并邀请梁启超替湖南起草一部省宪法。但随即惹怒了吴佩孚,打起了湘鄂战争,"国民大会"成了泡影,"废兵运动"更显出是与虎谋皮。共学社"开拓新政治"就此止于幻想。

然而梁启超在"浮处"的失败,并不意味着他在"实处"毫无成绩。

他于一九二一年秋天应聘到南开大学讲授中国文化史,从此开始了教授生涯,往返南北讲学,影响很大。尤其是一九二三年九月起任清华国学研究院导师以后,与王国维、陈寅恪、赵元任等合作,为中国培养了一批未来的学术栋梁,那是后话。就是在他最热衷于"国民制宪运动"之际,他仍然成功地取得了上海商务印书馆张元济等的支持,组成了讲学社,有计划地邀请域外学者来华讲学。而当首位应邀的英国哲学家罗素即将到达上海的时候,他却没有南下"亲迎",理由并非忙于政治,而是忙于著作。那就是我们现在看到的《清代学术概论》。

并非治清学史的第一人

梁启超不是本世纪研究清学史的第一人,却是"五四运动"后重新讨论清学史的第一人。

一九二〇年十一月,《前清一代中国思想界之蜕变》,在《改造》三卷三期(实为《解放与改造》更名后的首期),夹在大量政论文中出现,而显得似乎不伦不类的时候,那时的读者也许熟悉梁启超惯于以史论为政论的风格,没有对这一点留下惊讶的反应。但我在多年后读到篇前的作者自序——单行本《清代学术概论》照植不误,却对其中第二项的声明感到惊异。

这项声明重提作者的一篇旧著:"余于十八年前,尝著《中国学术思想变迁之大势》,刊于《新民丛报》,其第八章论清代学术,……余今日之根本观念,与十八年前无大异同。"②

这里梁启超两次提到"十八年前",提醒人们注意他"今日的根本观念",早在一九〇二年便基本定型了。

是这样吗?我虽然没有胡适自诩的"历史癖与考据癖",却因浸淫于史学太久,凡遇我认为对习史者至关重要的时、地、人、事四要素,必定要征而后信。特别由于以前太多地吃亏的经验,对于各界名流回忆历史,涉及其人亲历的情节,总要寻求本证旁证才敢放心引用。幸而《新民丛报》并不难觅,核查的结果呢?更令我对这位"太老师"的说法起了疑心。

《论中国学术思想变迁之大势》,发表于一九〇二年,连载于当年的《新民丛报》,都是不错的。问题是这篇长文凡九章,而《新民丛报》在当年仅载毕第七章,便中断了。中断的原因很清楚,因为从一九〇三年初起,梁启超便泛舟于太平洋中,作"新大陆"之游。同年仲冬返日本,先卧病,再赴香港出席一九〇四年初举行的保皇党大会,会后又秘密到上海筹办《时报》。到一九〇四年五月再返日本,重掌《新民丛报》笔政,至同年夏天才续刊《论中国学术思想变迁之大势》的八、九两章。两章作成的时间,与前七章相距一年半,连题目也重拟了,发表时题作《近世之学术(起明亡以迄今日)》。《清代学术概念·自序》引述的那三段文字,均见于此文。就是说,假如承认梁启超在一九二〇年所说"余今日之根本观念,与十八年前无大异同"可信的话,则其中"十八年",应改为"十六年",才算属实。

时间的界定是史学家的首要基本功。自从西周共和元年以后,中国历史便以"纪年"的精确性傲视全球。自从司马迁的《史记》问世以后,中国史家重视时间的精确性,便显示为"纪月"。以后随《实录》、《大政纪》一类历史编纂形式的定型,记载历史事件的时序,精确到月日,已成宫廷史家的职业习惯。

梁启超从一八九九年作《中国史叙论》起,便表明他通晓此道。因此他分明发表于一九〇四年夏以后的史论,却偏要强调"著"于一九〇二年,这不能不引起我们探究的兴味。那中间一年半,究竟有什么因素,才使梁启超要模拟康有为的惯用手法,用倒填著论时间,来争"论清代学术"的首创权呢?

这两章屡引"余杭章氏谓",提供了释疑的线索。余杭章氏,只可能指太炎。这一点,由梁文引章氏谓,主要见于章太炎的《清儒》篇,可得确证。

《清儒》是章著《訄书》重订本的第十二篇。这个重订本于一九〇四年首刊于日本东京,与梁著《近世之学术》同年。如前所述,那以前章太炎因《苏报》案而在上海租界陷身囹圄,到一九〇六年六月才三年刑满,出狱赴东京。他的《訄书》重订本,其实早在一九〇二年在日本流亡时便从事改作。[⑦]那时他曾寓居《新民丛报》社,与梁启超过从甚密,旦夕切磋学术,由他们商定"中国通史略例"可知。梁启超在北美对于《苏报》案的回应,不直吴稚晖,而表同情于章太炎、邹容,也如前述。因此,《近世之学术》屡引"余杭章氏谓",既表示对章太炎为排满受难的同情,更凸显当年梁启超在学术上的诚实。

难道十六年后梁启超在学术上变得不诚实了吗? 可以说是,也可以说不是。这十六年中梁启超与章太炎在政治上异大于同,尤其是在南北分裂中间,他们的政治态度绝异。这时梁启超著书,即使单从政见考虑,也会缩小他曾从章太炎那里获得的学术启迪。况且他在此篇中要宣布的正是他对"今文学派"所作的猛烈的宣传运动,不仅最终埋葬了清代汉学,还引发了排满共和之论,而章太炎非但是今文学的宿敌,并且是公认的排满革命学说的构建者。这时梁启超当然不会明白地承认曾受章太炎的影响。但他不忘"十八年前"的基本见解,岂非起了提醒读者去追索其来源的效应吗?

章太炎和梁启超,兼及刘师培

周予同先生首先指出这一点:"梁氏论述近三百年学术史,实在是从章太炎《清儒》那里来的。"⑭

因此,一九六一年周先生主编大学文科教材《中国历史文选》,便强调《清儒》实为近代论清学史的首出名篇,应为大学历史系学生必读,而坚持予以选入。⑮

作为周先生的老助手,我在"文革"后修订这部教材,决定尊重周先生的意愿,仍收入此篇,并决定恢复它的原初面目。在校注《訄书·清儒》的数月中,我重新将它同梁启超的《清代学术概论》、《中国近三百年学术史》二书,以及《论中国学术思想变迁之大势》八、九两章,外加刘师培的名文《清儒得失论》等,详予比照,越发相信周先生的提示是符合历史事实的。

由于章太炎的文笔,以古奥著称,而且如同《訄书》重订本的其他论文一样,《清儒》也劈头便从世界文明史的进化总趋势说起,而进入正题,又假定读者对清帝国的全部学术论著及其作者,都同他章太炎一样熟悉,需要的只是厘清史实和揭示底蕴,结果此篇纵使有注释,仍显得异常难懂。⑮

为了便于读者比照,现将我旧作的《清儒》提要,转录如次:

本篇是对清朝二百余年学术变迁史的系统总结。原篇分三节。首节分析"经"的性质,认为同世界文明古国的记录一样,是夹杂着神话迷信的古史,硬拿来搞"通经致用",结果既不通历史,又危害政治。次节说乾嘉考据学者恢复了把六经当作历史研究的传统,所以在学术上放出异彩;但朴质的考证,不合文士的口味,于是有攻击汉学的桐城派出现,于是又有欣赏《公羊》三世说的常州学派出现,于是又有调和汉、宋学以求名的陈澧等出现。末节是关于清朝经学研究具体成果的评论。最后针对康有为等否定考据学作用的意见,认为考据学家强调无征不信,竭力搜集证据,到未来的历史家应用时,便会看到这种朴实的东西发出光辉。全篇虽对清朝今文学派的批评有失公正,对戴震一派的估价也未免过分,但材料丰富,分析清楚,是近代总结清学的首出作品。以后,刘师培著《清儒得失论》,梁启超著《清代学术概论》等,都明显地以它为继续研究的起点。⑦

我曾考证过《訄书》结集的过程,指出重订本的写作只能在一九〇二年夏天以后,即由日本回国以后。⑧《清儒》便是重订本新增的篇目。前面说过,那年章太炎在日本,与梁启超的关系十分亲密,不仅政见相合,而且酝酿学术合作。前述两人打算编撰一部《中国通史》,其名目正是章太炎首先提出的。

这时梁启超在学术上正受章太炎的影响,还可举一例。

人所共知,"保存国粹"说,在清末民初曾颇为风行。"国粹"一词,是明治维新后日本学人造作的。首先将它引进中国的是谁? 或以为是梁启超,则尚待考证。一九〇二年秋天,梁启超有创办《国学报》的计划,他的理由是"养成国民,当以保国粹为主,取旧学磨洗而光大之".[79]这论调同梁启超以往憎恶"旧学"即清代汉学的说法完全相反,而酷肖章太炎的口吻。这个计划,受到黄遵宪的反对而胎死腹中[80],但仍由章太炎力倡,而在一九〇五年"国学保存会"创办的《国粹学报》刊行,才得以实现。十八年后梁启超在《清代学术概论》中,将清代汉学表征的"复古"思潮,比作欧洲的"文艺复兴",其实也是由章太炎在清末首唱,并由《国粹学报》的主将刘师培等多方发挥过的意见。

有必要一提刘师培。此人在清末民初的政治名声颇劣,但不能因此否定他的学术成就。在学术上,他与章太炎的关系,类似梁启超与康有为,而学术的功底与识见,都胜过康门高弟梁启超。

例如前揭《清儒得失论》,发表于一九〇七年,那时刘师培年仅二十四岁,却已在过去四年中刊布了成百种论学论政的文章专著而饮誉学林。《清儒得失论》,着重通过明学与清学的比较,通过揭示清代学者之"病",说明学术与政术、立言与事功的矛盾关系,认为清廷的文化政策,将大批杰出学者驱入经史考证的狭小天地，而在实践上无所作为乃至卑污从俗，"其学愈实，其遇愈乖"。[31]

这不仅弥补了章太炎《清儒》论述的不足，由它首刊于章太炎主编的《民报》而显示获得章太炎的激赏可证，而且也为梁启超撰写《清代学术概论》所取材。梁启超晚年论清学史，矢口不提刘师培，未免令人奇怪，而倍增人们追溯他的学术先驱的探究兴味。

非天才的天才论述

然而，在"五四运动"后，刘师培虽已在运动高潮中死去，章太炎还健在，却似乎已失去了重论清学史的劲头。胡适因提倡白话文而暴得大名，在学术上也曾私淑章太炎，其实对清学史，特别是晚清学术史，缺乏了解。这由他封吴虞为"只手打孔家店的老英雄"，却不知清末章太炎发表的《订孔》，早已引起过"群言相率诋孔子"的轰动效应，便得佐证。因此，胡适在梁启超出国前主动求见以后，念念不忘要他写出晚清"今文学运动"的亲历记，便是不奇怪的。

如前所述,梁启超于一九一八年在家赋闲时期,便曾为子女讲授"前清一代学术",那时他还没有认识胡适。两年后,即一九二〇年九、十月间,他再度会晤胡适,被胡适重提上述要求打动了,恰值蒋方震要他为《欧洲文艺复兴史》作序,于是有了"著此篇之动机"。[32] 其实他于一年多前访英,在伦敦的演说题中,便有《中国的文艺复兴》。[33] 可见,他对前清学术,由重作反思,到与欧洲文艺复兴初作比较,而后为蒋书作序,"计不如取吾史中类似之时代相印证焉"[34],也就是契机由萌而"动",至少已历时两年。

梁启超仅用半个月左右,便写成了五六万言的长文,而且是寓论于史的学术著作,而且稍事增改即出单行本并赢得风行不衰的悠远效应,这在本世纪的学术著作史上是少见的。

我不否认人间有天才,但我以为历史学的研究,要想真正有所成就,依赖的不是天才,而是勤奋。没有对材料的辛苦爬梳,没有对种种矛盾陈述的认真清理,没有对何谓历史实相的细致考察,没有对已有旧论新说的多方比照,没有对历史生态环境的整体认识,是不可能对业成过去的某种历史现象洞幽发微的。人们常常用效应作为判断学者资质的尺度,却往往忽视历史学家的才学识的增长过程。就以梁启超为例。假如他在青年时不曾受康有为特重"学术源流"的熏染,假如他在关注"史界革命"时不曾与黄遵宪、章太炎等切磋,假如他在"五四"前后不曾对"清代思潮"为何物做过再研究再思考,那末他著《清代学术概论》,下笔神速是可能的,但要在学术史上留下悠远的效应,则将令人难以置信。

只是《清代学术概论》成书之速,毕竟令人惊叹。据钱锺书《石语》所引,熟悉晚清"故事"的陈衍,在梁启超去世后,曾称道他作条陈的本领,说是别人以万言书还不得要领的献策,他只消五千字便说得很分明。看来梁启超晚年论学也是如此。

《清代学术概论》叙述明末到清末近三百年的学术进程,凸显所谓"时代思潮"为主线,以佛典所谓生住异灭的流转来比喻清学的蜕变,择取既有研究成果令叙事可信,照顾逻辑首尾一贯以自圆其说,行文简洁明快,似论从史出而实寓论于史,令人读来忘倦,不知不觉入其彀中。这不仅非平常学者所能,而且也非严谨学者所能。

因此,《清代学术概论》又堪称一部天才论述,越是离著作情境更远的读者,越易将它看作客观胜于主观的学术史佳作。较诸章太炎、刘师培的同类力作,这部小书反而后来居上,成为清学史入门必读的经典性名著,那缘由很发人深省。

自己给自己作盖棺之论

《清代学术概论》,篇幅既短,分节也明,因而我不拟在这里重述其内容。但它的现代价值,既然已经化作清学史的入门书籍,则原书三十三节,仅列序次,不出细目,也使缺乏清学史一般知识的读者,感到难以把握大意。

怎么办呢? 多年前,我校注本书,为便于检索,曾信手记下了一份节目提要。这回从旧日杂稿堆里翻出来再看,以为尚便初学者参考,于是稍加润色,冠于书首,以省照例应有而时带偏见的内容介绍。

尽管在本书脱稿伊始,梁启超便在"诸朋好"的赞扬声中,忘记了或故意忘记了他以史论作政论的初衷,而自称本书为史,且在单行本初版加题"中国学术史第五种"⑤,与蒋方震的《欧洲文艺复兴史》,并列入《共学社史学丛书》。然而本书实非客观的历史论著,却也因此更加彰显。

作为本书第一位读者的蒋方震,便是从论史角度批评本书的第一人。蒋方震,以字百里知名,清末曾留日、留德学军事,归国后任保定军官学校校长,是他的浙江同乡蒋介石的老师。他曾向梁启超问学,终生对梁启超执弟子礼甚恭。辛亥后成为梁启超研究系的重要骨干,在梁启超欧游途中坚持全程陪同,这时正接手主持《改造》杂志。《清代学术概论》,本是老师俯允为学生著作写序,但成稿"独立"后,反而是老师要学生写序。如此阴差阳错,表明梁蒋的师生关系非同寻常,也正是清末民初学人仍然沐浴在清代汉学家特重教学相长的文化传统中的一个显例。蒋百里即蒋方震本以鲠直著称,这时承命为老师的书写序,也不负所托。

蒋序同意《清学概论》⑥的基本思路,所谓"由复古得解放",表征"清学之精神",随即便就史论史,向老师提出四点疑问。

一问明末入华的耶稣会士输入的西方科学,为什么到酷好欧洲天算地理的清康熙晚年"中辍"?

二问清初顾炎武、颜元等力倡的"致用之学",为什么到后来"转入经典考据"?

三问考据学大师戴震的理欲论,真合欧洲文艺复兴的人文精神,为什么在当时的中国,回应是一片沉默?

四问鸦片战争后清廷设江南制造局译西方科技书,何以当时通西文者并不参与维新运动,而由戊戌维新到辛亥革命,天下从风,"而纯正科学卒不扬"?

当然还有五问:"五四"后竞言新文化,实际呢?"实利主义兴,多金为上,位尊次之,而对于学者之态度,则含有迂远不实用的意味",难道这正是"变法维新立宪革命等"的同义语吗?㉗

可谓冰寒于水吧,老师显然被学生难倒了,在《清代学术概论》刊行时加了三节,又在两年后结集的讲义《中国近三百年学术史》里,详举史料,修苴补漏。但他说清楚没有? 由胡适、钱穆、冯友兰等相继对清代学术史的种种异说,以及陈寅恪借审查冯著《中国哲学史》的报告,说出他的思想仍囿于同光之际、议论止乎曾国藩和张之洞之间的那段名言,可见梁启超的诠释在学者中只能引起争议。

能够在思想界引起争议,在习惯于政治一统下的思想专制的时代,便是发聋振聩的善举。况且本书的"结论"在爱好以今律古的论者那里,至今仍在暗袭以充己见。因此,在《清代学术概论》中,梁启超自称"可谓新思想界之陈涉",却又批评自己"数十年来日在旁皇求索中",最后估计自己的未来:"识者谓启超若能永远绝意政治,且裁敛其学问欲,专精于一二点,则于将来之思想界尚更有所贡献,否则亦适成为清代思想史之结束人物而已。"⑧

我以为这段话特别有趣。倘说有自知之明,自己在年尚未"知天命"之前,便给自己预作了盖棺之论,这大约可算显例。

1996 年冬草于高丽大学山居

1997 年春改于复旦大学北隅

① 1920 年 10 月 4 日梁启超致张东荪书,首次提及正为《改造》作一文,题为《前清一代中国思想界之蜕变》,"今方得一半";同年 10 月 18 日致胡适函,已提及蒋方震将书稿给胡看了;可知成稿必在这年 10 月中旬前。见丁文江、赵丰田编《梁启超年谱长编》(下引简称梁谱),上海人民出版社,1983,页 920、922。

② 参看《前清一代中国思想界之蜕变》自序,原载《改造》三卷三期(1920 年 11 月),作题署"民国九年十月十四日",后收入改题《清代学术概论》的单行本。见朱维铮校注《梁启超论清学史二种》,复旦大学出版社,1985,页 1~2。

③ 前揭拙校注本,页 1。参看蒋方震《清代学术概论序》,已收入本书附录。

④ 1920 年 12 月 9 日张元济致梁启超函,谓此稿已付印,书名已称《清代学术概论》,并由此函可知处理这部书稿的是陈叔通。见梁谱,页 926。

⑤ "其文条理明晰,笔锋常带情感,对于读者,别有一种魔力焉。"见前揭拙校注本,页 70。

⑥ 梁启勋曾由其兄梁启超于 1893 年携至康有为所设万木草堂学习,所述康有为讲学情形较平实,曾说:"我们最感兴趣的是先生所讲的'学术源流'。……每个月讲三、四次不等,先期贴出通告,'今日讲学术源流'。先生对讲'学术源流'颇有兴趣,一讲就四、五个钟头。"见梁启勋口述、梁思明笔录《"万木草堂"回忆》,《文史资料选辑》,25 辑,中华书局,1962 年 4 月。1918 年夏秋间梁启超致梁启勋函,述说他下野后在天津家中生活,有三通均说他给儿女讲授"学术流别"或"学术源流",末一通还强调"吾所讲却与南海有不同"。见梁谱,页 864~865。这正好提醒我们注意他晚年研究学术史,没有完全摆脱早年从康有为学习的影响。

⑦ 此据陈守实师说。陈先生早岁在清华研究院为研究生,导师即梁启超,毕业论文《〈明史稿〉考证》曾受梁启超激赏。1962 年陈先生在《文汇报》发表《读〈王荆公年谱考略〉》,着重阐述史论与政论的关系,那命意当得自梁启超。

⑧ 前揭《清代学术概论·自序》。

⑨ 参看梁谱,页 879～884 所引材料。

⑩ 此据梁说,见 1919 年 3 月中旬梁由巴黎致北京政府外交部汪大燮、林长民电,梁谱页 879。

⑪ 周策纵的《五四运动:现代中国的思想革命》一书第四章,对"五四事件"的过程,有颇详密的考证。见该书周子平等中译本,江苏人民出版社《海外中国研究丛书》本,1996,页 114～164。

⑫ 梁启超于 1929 年 1 月 19 日病逝后,北京、上海均曾举行追悼活动,名流学者所送挽联挽诗极多,大都集中在这两方面。他的"善变"乃人所熟知。唯章太炎以为,他"恢诡谲怪",实体现"道通为一",证明便是"再造共和赖斯人"。更有人宣称他入民国后"伟业侔中山"。见梁谱,页 1027～1210。

⑬ 这一点下节将再讨论。

⑭ 梁谱对梁启超在力主中国参战问题上的言论所录材料极详,见页 796～834。又,1917 年 8 月孙中山率反对北京政府的国会议员南下广州进行护法运动,同月 14 日北京政府便发布对德奥宣战布告,报载乃梁启超手笔;25 日非常国会在广州举行,9 月 1 日选举孙中山为护法军政府大元帅。

⑮ 1917 年 11 月段祺瑞内阁因内外交困而呈请总辞职,梁启超也"连带引辞",但结果是梁启超一人去职。他在同月 18 日再上辞呈中说"中央财政,各种困难皆臻极端",又说"现在军事方殷,非得有军界尊宿,或与军事关系之人,管领度支,未易收指臂之效"。见梁谱,页 853～855。

可知他是被北洋诸军头联手逼下台的。

⑯ 前揭梁启超致梁启勋第三信："来复二将讲'前清一代学术',弟盍来一听,当有趣味也。"又,同时致陈叔通书,也提及"为儿曹讲学","讲题为国学流别,小女录讲义已彪然成巨帙,为新学小生粗知崖略,殆甚有益"云云。均见梁谱,页865。可知他在赴欧前已开始研究清学史。

⑰⑱ 1918 年 2 月 19 日梁致寒季常函,谓"吾能否成行尚未定,因旅费尚无着",见梁谱,页860。同年 10 月 10 日徐世昌在北京就任总统,11 月 11 日欧战结束,22 日广州军政府同意与北京政府休战。梁启超便接连发表声明,力主中国应列席巴黎和会。12 月 10 日上海《申报》报道"梁任公将赴欧洲游历",说这是他到北京与徐世昌"接洽数次,并与驻京外交团周旋一切"的结果。同日梁致其长女梁思顺函,说他此行"全以私人资格",但又说经费"公家所给仅六万(银元),朋旧馈赠约四万",见梁谱,页873。因知他的所谓"个人资格",实由北京政府委派并获得协约国列强官方同意的。他的头衔便是中国出席巴黎专使团的顾问,因此当时报刊曾说他可能代替陆微祥为首席专使。

⑲ "同行者张君劢、徐振飞、蒋百里、刘子楷、丁文江,并携鼎甫作录事(不带仆人)兼服役",同上致梁思顺函。张君劢,名嘉森。徐振飞,名新六。蒋百里,名方震。刘子楷,名崇杰。丁文江,字在君。鼎甫,杨维新字。前四人都是梁启超的研究系同道,都有留学日德美的经历。丁文江是留学英国的地质学家。杨维新则是梁在日本的学生。这个七人"考察团"(胡适语),属于当时中国的文化精英。据梁启超《欧游心影录节录》,他们"到了欧洲后常在一处的还有夏浮筠(元瑮)、徐巽言(谭)",见《饮冰室合集》,中华书局,1932,专集之二十三,页38。但全程陪同的为蒋、张、徐三人。

⑳ 见 1918 年 11 月 7 日徐新六致梁启超函,同月 20 日胡适致梁启超函,梁谱,页872~873。又,胡颂平编著《胡适之先生年谱长编初稿》,台北

联经出版事业公司,1984,第一册,页 327～329。

㉑ 前揭梁致汪大燮、林长民电。关于出席巴黎和会中国专使团的组成及表现,参前揭周策纵书,页 115～119。但周书没有利用梁谱提供的某些资料。

㉒ 1919 年 6 月 9 日梁启超致梁启勋函,见梁谱,页 880～884。按此函甚长,详述梁启超一行赴欧前半年的情形,内有一节专述"三四月间谣言之兴",以为将顾维钧、陆徵祥和他本人均指为"卖国贼"的"谣言"制造者是王正廷,而其动机全出于个人打算。排顾维钧是"妒其辞令优美,骤得令名也"。排陆徵祥是"因其为领袖,欲取而代之也"。排他本人是"又恐象山(陆徵祥——引注)去而别有人代之也"。揆诸周策纵书曾指出"代表团内部曾因个人职位高低和所代表的不同派别问题发生分歧",见该书页 116 注①,很难否认王正廷的攻击不是假公济私。

㉓ 电文载《申报》1919 年 5 月 4 日。

㉔ 前揭周策纵书,页 123。按,1919 年 4 月 22 日,陆徵祥致北京政府密电,已报告当天威尔逊责问中国何以与日本订立密约的问题。这表明美国在山东权益问题上已准备转向。4 月 30 日美英法意"四人会议",果然秘密决定牺牲中国,同意日本在山东"承继"德国权益的蛮横要求。梁启超闻讯立即致电国民外交协会,指名要汪大燮、林长民转告。汪林都是梁的密友,自然对电文中"请警告政府及国民严责全权"的含义心领神会。林长民在 1919 年 5 月 2 日发表的和会动向评论,使北京的知识界立即明白中国在巴黎和会上已经失败。

㉕ 时任驻美公使的顾维钧,为留美博士,娴熟国际关系而擅长用英语辩论。他在巴黎和会上成为中国专使团的主要发言人,因而成为国人瞩目的外交明星,是自然的。他言不离威尔逊的十四点宗旨,也使王正廷无懈可击。假如梁启超所指属实,则王正廷因妒而诬顾卖国,唯一可中伤的理由是顾的私德。家国不分原是中国的传统,因而当时国内

报刊盛传顾将成为外交总长曹汝霖的三女婿,将转向亲日辱国,对顾的伤害就是致命的。从周策纵书的引证来看,这一谣言源于王正廷代表的广州政权。但周策纵对此说是非不予置辨,似乎过度谨慎了。熟悉民初人物史的人都知道,顾维钧确实是三女婿,但他是民初内阁总理唐绍仪为自己的三女儿遴选的东床,却不是北洋军头的外事总管曹汝霖为政治功利缔结的姻戚。参看陈灨一《新语林》,上海书店《民国史料笔记丛刊》本,1997,页97。又可参顾氏的回忆录。

㉖ 时有传说,1919 年 5 月 4 日北京学生上街,乃梁启超用钱收买学生领袖煽动故。

㉗ 同前注㉒。

㉘ "在君和新六都是民国八年初随同梁任公先生到欧洲考察战后状况和巴黎和会情形的考察团团员。"见胡适《丁文江的传记》,引自前揭《胡适之先生年谱长编初稿》第一册,页328。在君,丁文江字。新六,徐振飞名。但前揭梁谱从未将梁启超一行称作"考察团",胡适或据时论对其的习称。

㉙《欧游心影录节录·欧行途中》,前揭《饮冰室专集》之二十三,页39。

㉚《变法通议·论变法不知本源之害》,《时务报》第三册,1896 年 8 月。

㉛ 参看朱维铮主编《马相伯集》,复旦大学出版社,1996,页1187;又,拙著《求索真文明——晚清学术史论》,上海古籍出版社,1996,页407～408。

㉜ 见清光绪二十八年十二月(1903 年 1 月)康有为致梁书,梁谱,页299。康有为这一斥责,对梁启超刺激很深。以后梁曾在书信中屡说被康责"流质"事。

㉝ 上海《苏报》于 1903 年 6 月 29 日刊登了章太炎《康有为与觉罗君之关系》一文,即同月在上海散发的小册子《驳康有为政见书》的摘录。那时康仍是清廷通缉的国事犯,但清廷却以章驳康乃侮辱皇帝为由,要

求上海租界当局将章和《苏报》资方及编作者捉拿治罪；租界法庭审判章及邹容等，原告竟是清政府，而最终判决却由英美日俄等驻华使节在北京会商裁定。此案当时曾轰动国内外。值得注意的是章太炎在前只驳康有为答美洲华侨的公开信，却不提当时更有影响的《与同学诸子梁启超等论印度亡国由于各省自立书》。案发时梁在美国。从他给蒋智由函可知，他很关注此案，并曾收到章太炎由狱中发出的以为此案乃由吴稚晖向清政府"告密"的私函抄件。梁的反应却是"中国之亡，不亡于顽固，而亡于新党"，"惩新党棼乱腐败之状，乃益不敢复倡革义矣"，见梁谱，页 327～328。

㉞ 参看《新大陆游记节录》第四十节，前揭《饮冰室专集》之二十二，页 121～126。此节通过中西比较专论"中国人之缺点"，将它与十七年后发表的《欧游心影录节录》中通过同样手法力陈孔老墨"三圣"以来中国传统的优点，对照阅读，是很有趣的。

㉟ 见清光绪二十八年(1902)十一月黄遵宪致梁启超函，梁谱，页 301～307。按，从梁任《时务报》主笔后，黄遵宪对梁启超的思想行为影响之大，在某种程度上已超过康有为。尤其在戊戌政变后，黄梁保持密切的通信联系，每当康梁师徒出现分歧，黄总是给梁打气。梁在排满革命与君主立宪中间摇摆的中止，从思想史角度来看，黄的婉言引导，实起了某种催化作用。奇怪的是，在黄去世(1905)后十五年，梁著《清代学术概论》，说到黄遵宪仅两处，一是黄在湖南与人合办时务学堂，二是黄的诗可与金和、康有为并提。他既不提及黄著《日本国志》在戊戌维新运动中的巨大影响，更不提他本人在 1896 年到 1905 年十年间，曾受这位密友兼导师的支持和引导。个中奥义，尚待索解。

㊱ 见清光绪二十八年二月章太炎致吴君遂等书，引自汤志钧编《章太炎政论选集》上册，中华书局，1977，页 162。

㊲ 已见前注㉝。

㊳ 黄遵宪概括梁启超《政治学大家伯伦知理之学说》(《新民丛报》三十八、三十九号合刊本)的自述语,见清光绪三十年(1904)七月四日黄与梁书,梁谱,页340。黄在此函中既批评了康有为与章太炎,也不赞成梁倾向"保国粹说";内又以梁作《管子传》《墨子学说》二文为由头,述说自己关于周秦诸子长短的见解,表示不同意梁论学术变迁"以空间说",而强调应"以时间说",这正是梁晚年论学术史特重时间序列的由来。

㊴ 梁启超在1902年后曾一度倾向革满清帝国之命,曾使康有为大恼,也使黄遵宪忧虑。当梁"自美归来而梦俄罗斯",即复返戊戌政变前期待清君仿效沙俄彼得大帝"变政"的立场,显然受到黄遵宪"专欲尊王权以导民权"见解的影响,而康有为则以为他回到了保救光绪皇帝的保皇主张。因此黄立致长函鼓励,而康有为也真的松了一口气,这在梁谱中都有详细记载。参看张朋园《黄遵宪的政治思想及其对梁启超的影响》,载台北中央研究院《近代史研究所集刊》第一期;亓冰峰《清季梁启超的言论及其转变》,见《中国近代现代史论集》第十六编,台北商务印书馆,1986,页439~480。

㊵ 据李华兴、吴嘉勋编《梁启超选集》附录一《梁启超生平活动年表》转引,见该书,上海人民出版社,1984,页897。此说当出自梁于清光绪三十二年(1906)七月刊于《新民丛报》的《杂答某报》。此篇驳《民报》的"政治革命"主张,末附《驳孙文演说中关于社会革命论者》一文,乃至斥孙关于土地问题的见解,"一字不通"。或因亵渎未来的"国父"太甚,故1933年中华书局出版的林志钧、陈寅恪等编《饮冰室合集》,摈此文不录?

㊶ 关于政闻社始末,我曾予考证,见前揭《马相伯集》,页1186~1192;《求索真文明》,页406~413。

㊷ 《国风报》征订广告,见《申报》宣统二年一月十二日;《国风报叙例》,前

揭《梁启超选集》,页559。

㊸ 民国六年"丁丑复辟"失败后,康有为曾集反排满共和言论为一书,名曰《不幸而言中,不听而国亡》。

㊹ 1912年2月15日民国临时参议院选举袁世凯代孙中山为临时大总统,梁启超立即电贺,在得袁"尤盼裸教"的回电当天,便草长函,向袁献策:"善为政者,必暗中为舆论之主,而表面自居舆论之仆,夫是以能有成。今后之中国,非参用开明专制之意,不足以奏整齐严肃之治。夫开明专制与服从舆论,为道若一相反,然在共和国,非居服从舆论之名,不能举开明专制之实。以公之明,于此中之消息,当已参之极熟,无俟启超辞费也。"见梁谱,页617。

㊺ 民国二年7月26日上袁大总统书,梁谱,页675。

㊻ "梁卓如辞币制局总裁,有'以不才之才为无用之用'语,袁总统笑曰:'卓如非不才,总裁实无用!'"前揭《新语林》,页26。

㊼ 全文亦见《新语林》,页20~23。

㊽ 1920年10月15日傅治致张东荪书语。傅、张均为共学社成员,他们都对通过控制中国公学,进而主导国内大学教育的设想有兴趣。傅治还对共学社组织松散着急,以为它非"真团体",不可能成为未来"组党"的基础。见梁谱,页920~922。按,这是当时共学社及其同情者中不少人对梁启超的共同批评,包括其中坚人物蒋方震、张嘉森等。蒋与张东荪曾辩论如何使梁将兴趣转向讲学。

㊾ 《欧游心影录》作于1919年10月11日后,约成于同年12月初。那时梁启超和他的"考察团"在巴黎和会前后已历游英、法、比、荷、瑞士、意诸国,尚未赴德国。全书分八篇,据梁谱(页895)说全书未完成。梁氏返抵上海前两日,1920年3月3日,首篇便开始在《时事新报》连载,同月25日刊毕,同月也见于同属研究系控制的北京《晨报》。但全书于1921年10月编定的《梁任公近著第一辑》上卷才发表,题作《欧游心影

录节录》;《饮冰室专集》之二十三所收此书,即据1923年上海商务印书馆出版的《近著第一辑》本。

(50)《欧游心影录节录》,前揭《饮冰室专集》之二十三,页9。

(51) 参看周予同师《五十年来中国之新史学》四,见朱维铮编《周予同经学史论著选集》增订本,上海人民出版社,1996,页527～528。

(52) 前揭《饮冰室专集》之二十三,页12。

(53) 参看郭颖颐著、雷颐译《中国现代思想中的唯科学主义(1900～1950)》,江苏人民出版社《海外中国研究丛书》本,1995,页7～13。

(54) 参看《欧游心影录节录》论"中国人之自觉"诸节,前揭《饮冰室专集》之二十三,页20～38。

(55) 梁于1920年3月归国后,即曾致函北京政府总统徐世昌,"请释放去年因五四运动被捕的学生",见梁谱,页902。

(56) 参看梁启超1920年3月抵沪后,对《申报》记者的谈话,在吴淞中国公学的演说等,梁谱,页899～902。

(57) 前揭《饮冰室专集》之二十三,页11～12。

(58) 同上注引书,页12。

(59) 前节已述。

(60) 节题为《中国人对于世界文明之大责任》,结语说:"我们可爱的青年啊,立正,开步走!大海对岸那边有好几万万人,愁着物质文明破产,哀哀欲绝的喊救命,等着你来超拔他哩!我们在天的祖宗三大圣和许多前辈,眼巴巴盼望你完成他的事业,正在拿他的精神来加佑你哩!"见前揭《饮冰室专集》之二十三,页38。这段话曾为无数论著所引用,或赞或讥或斥,或苟同或曲解或诛心,然而多以为是表彰传统儒学,罕有人注意梁称孔老墨三大圣,实为否定孔子的独圣地位,而他以为老子才代表中国哲学,而墨子更是与西方古典科学与实践相合的圣者。

(61) 格里德著、鲁奇译、王友琴校《胡适与中国的文艺复兴——中国革命中的自由主义(1917～1937)》,江苏人民出版社《海外中国研究丛书》本,1996,页145。按,此书叙胡适以外的中国近代思想史多不确。不了解晚清《国粹学报》曾致力在中国提倡文艺复兴,便是显例。

㉒㉓㉔ 均见《饮冰室专集》之二十三,页36～37。

㉕ 1920年5月20日梁启超致梁善济等书,见梁谱,页909。

㉖《解放与改造》,署新学会主办,半月刊,1919年9月在上海创刊。新学会的发起人为梁启超、张嘉森(君劢)、蒋方震(百里)、张东荪等,"该会的宗旨简单的说,是想从学术思想上谋根本的改造,以为将来新中国的基础"。见梁谱,页889。1920年4月,梁启超、蒋方震等组成共学社,即策划整顿《解放与改造》(原由张东荪主编),更名《改造》,由梁、蒋主编,实由蒋方震主持。梁启超草拟的《〈改造〉发刊词》,提出"本刊根本精神",称作"宣言",原十四条,经张东荪、蒋方震润色为十六条,于1920年9月15日出版的第一号刊出(卷次仍续《解放与改造》,故称三卷一号)。这份发刊词,实为"五四"后梁启超一系的全面的政治主张,即梁原稿所说"为同人之公共信条",刊出时所称"为同人之公定趋向"。其所谓同人,由梁谱录存的书信可知,包括沪京津三地从事政治、教育、实业、文化诸事业的众多名流。其所谓信条或趋向,则可说体现了后来为人所知的"国家社会主义"。但这份政论刊物,迄今甚少为人研究。即如发刊词,梁的原稿,文字浅露直截,十四信条首谓"旧式的代议政治不宜于中国",结末攻击"偏狭偏颇的旧爱国主义",中间力倡"地方自治"、"分配平均"、"兵民合一"、"强迫教育",而抨击"思想统一为文明停顿之征兆"、"浅薄笼统的文化输入实国民进步之障"等;在刊出的十六条中,经次序调整、文字删润,多变得含蓄乃至模糊,至今未见对照研究。据我考察,《饮冰室文集》之三十五内题作《〈解放与改造〉发刊词》一文,实即《改造》发刊词》的原稿。它的写作时间,在《欧游心影录节录》首篇之后,在《清代学术概论》之前。三篇题材不

同,但属于同一时期梁启超思想的不同角度的映现。我不赞成把这时的梁启超称作"新传统主义者",此即一据。

⑥⑦ 参看梁谱页913~915引诸材料。

⑥⑧ 民国九年蒋方震致张东荪书,梁谱,页925。

⑥⑨ 民国九年张东荪致梁启超书,梁谱,页915。

⑦⑦① 梁启超于欧游归国后曾主张废除常备军,"但采兵民合一制度",实则仿效瑞士式的全民皆兵。研究系的蓝公武(志先)因此提出"废兵"论,作文交《改造》新主编蒋方震。梁启超示蒋可将"废兵运动"作为《改造》创刊号的"中心题",说是"此最投合国民心理",并可于文字之外,促使"目前便有一种事实上之结合运动"(当指《改造》发刊词所谓"本刊所鼓吹,在使文化运动向实际的方面进行"——梁原稿作"在文化运动与政治运动相辅而行"),"此种运动旗帜要简单,要普遍,似莫于先设一废兵运动同志会,青年集者必众,他党派之人亦或可结合"云云,见梁谱,页917。梁的这一设想,显然想造成一种对军阀力量进行釜底抽薪的舆论,并争取青年对共学社政见的支持,但在当时无异是与虎谋皮,反而引起共学社内部的不满与分歧。《改造》创刊号出版后,前揭傅治致张东荪书,说梁欲"以创议手段撼动社会,为议论行动之出发点,诚为妙著",但徒然表现他"仍于政治方面有泛运动之兴趣","仍在浮处用力,不在实处用力","思前顾后,可为寒心"云,便反映了共学社内部的一种情绪。了解这一点,对于了解梁启超在《清代学术概论》论晚清部分,以夸张失实的笔触,彰显所谓今文学运动以及"排荀运动",所寄托的"微言大义",是重要的。

⑦⑦② 此篇已收入《饮冰室文集》之七,文集编者所编目录题注署作期为清光绪二十八年(1902)。但末章《近世之学术》实为清光绪三十年(1904)补作,而编者未予注明。

⑦⑦③ 参看朱维铮编校《章太炎全集》第三卷前言,上海人民出版社,1984,前

言页8～14。

⑭ 见周予同讲授、许道勋笔记整理《中国经学史讲义》上篇二章三节,前揭拙编《周予同经学史论著选集》增订本,页837。

⑮ 见周予同主编《中国历史文选》下册,中华书局,1962,页395～420。按,此册所选《清儒》,系据辛亥后收入《检论》的修改本。此册选目,当时曾遭非议,尤以周先生选入此篇及王国维《殷周制度论》的"动机"为辞,认为特重考据学有引导学生脱离学术为政治服务的倾向云云。但周先生仍力主选入,并在讲授"中国经学史"时特别指出《清儒》在学术史上的价值。

⑯《訄书·清儒》的注释,见周予同主编、朱维铮修订的《中国历史文选》下册,上海古籍出版社,1980,页331～351。

⑰ 同上引书,页328～329。

⑱ 同前注⑬。

⑲ 此据清光绪二十八年八月黄遵宪致梁启超书所复述"《国学报》纲目"语,见梁谱,页294。按,梁所拟《国学报》创办设想,《饮冰室文集》未收,亦未见刊布。

⑳ 黄遵宪不赞成保存国粹说适合于中国,劝告梁启超要办《国学报》,"略迟数年再为之",理由是:"日本无日本学,中古慕隋唐,举国趋而东;近世之拜欧美,举国又趋而西。当其东奔西逐,神影并驰,如醉如梦,及立足稍稳,乃自觉己身在亡何有之乡,于是乎'国粹'之说起。若中国旧习,病在尊大,病在固蔽,非病在不能保守也。今且大开门户,容纳新学。俟新学盛行,以中国固有之学,互相比校,互相竞争,而旧学之真精神乃愈出,真道理乃益明,届时而发挥之,彼新学者或弃或取,或招或拒,或调和或并行,固在我不在人也。"见同上注引黄函,梁谱,页292～293。值得注意的是黄此函述梁欲办《国学报》所拟主持者:"公言马鸣与公及仆足分任此事。"其中"马鸣"指何人? 马鸣为古印度大

乘佛教的开创者。时梁启超在东京的密友中，习"国学"而对大乘佛教感兴趣者，唯有章太炎、蒋智由二人。但蒋的"国学"功底远逊于章，且友朋戏称"蒋侯"（见章太炎1902年致吴君遂书，蒋侯本为三国魏作《万机论》的蒋济）。因此"马鸣"似应指章太炎。倘此推断不错，则梁的《国学报》计划，当曾先与章太炎共商。

㉛《民报》第十四号，1907年6月8日。后收钱玄同编《左盦外集》卷九，见1936年南桂馨刻《刘申叔先生遗书》四十九册。除《清儒得失论》外，刘师培关于清学史或兼及清学史的主要论著，尚有《南北学派不同论》(1905)、《汉宋学术异同论》(1905)、《论近世文学之变迁》(1907)、《近儒学术统系论》(1907)、《近代汉学变迁论》(1907)等，均原载《国粹学报》。也均收入李妙根编《刘师培论学论政》，复旦大学出版社，1990。

㉜见《清代学术概论》自序。

㉝1919年6月16日梁启超与长女梁思顺函。函中曾详列在英约一月的已定活动日程。见梁谱，页884~886。

㉞同注㉜。

㉟参看朱维铮校注《梁启超论清学史二种》的"校注引言"。

㊱《清代学术概论》，原题《前清一代中国思想界之蜕变》，见1920年10月4日梁启超致东荪书，梁谱，页920。次月初出版的《改造》三卷三号，刊出时题目中无"中国"二字。同年12月9日张元济致梁启超书，已提及书名为《清代学术概论》。但1921年1月2日蒋方震为此书作序，则称书名为《清学概论》。据1920年10月18日梁启超致胡适书，谓已知胡适由蒋方震处得见抄稿，时在书稿寄上海商务印书馆前。由此推测，《清学概论》或为梁向蒋"征序"时为单行本起的书名，以后乃改今名。

㊲均见蒋序，本书移作附录。

㊳见本书第二十六节。

节目提要

自序

第二自序

一　论时代思潮

校勘学的成绩　　因校书引起诸子学研究　　从汪中到孙诒让可见思想蜕变的枢机　　《四库全书》宗《永乐大典》实开辑佚先声　　清儒辑佚书使吾辈受赐良多

十七　清代的"学者社会"

由读书及闻见可知仿佛　　置"札记册子"记读书心得以储著书资料　　清儒最戒轻率著书故宁以札记体存之　　清儒治学纯用归纳法纯以科学精神　　此法此精神的表现程序有四步　　札记之书可观者　　学者喜用札记实一种困勉知行工夫　　清儒赖函札以补交换知识的机会缺乏　　他们的函札实为精心结撰的著述　　清儒作文也宗顾炎武而有三信条　　美文为清儒所最不擅长

十八　清学全盛的时代环境

清学名家多取介恬退之士　　科举教育和官员迁转方式使人无干进之心　　习俗使学者成为一种职业　　一国文化进展必须社会敬重学者而学者恃其学足以自养　　前清乾嘉时代类似近世欧洲培养学问的环境　　欧洲文艺复兴背后有翼辅提倡者　　清学全盛也因清高宗右文而大傜承风宏奖者众　　毕沅、阮元为汉学护法使盐商巨贾也竟趋时尚　　可知时代思潮最热时能使全社会各种人参加运动

十九　桐城派与章学诚

清初学者往往出入汉宋　　惠戴崛起令宋学无颜色而有方苞等造立古文义法以道统自任　　戴震、钱大昕批评方姚引起两派交恶　　曾国藩极尊桐城派反使其入于末流媚权贵欺流俗　　方东树的《汉学商兑》对抗正统派亦一种革命事业　　章学诚为全盛与蜕分期之间的重要人物　　《文史通义》实为乾嘉后思想解放之源泉

二十　清学分裂的原因

发于考证学派自身的三个原因　　以提倡一"实"字盛而以不能贯

彻一"实"字衰　　本为对于明之"学阀"进行革命却在乾嘉思想界
形成"汉学专制"的局面　　教人既尊古又善疑便令人既尊更古又
疑其共信　　由环境变化所促成的三个原因　　因避触时忌而不
谈经世致用反在大乱将至时被咎为学非所用　　咸同之乱以清学
的发祥地及根据地的江浙受祸最烈　　鸦片战后西学输入使学者
对外求索之欲日炽而对内厌弃之情日炽　　向正统派举叛旗

二十一　清学分裂的导火线

经学的今古文之争为清学分裂的导火线　　两汉今古文哄争的公
案　　南北朝郑王之争代替今古文之争　　宋以后汉唐注疏亦废
清儒节节复古势必导致重翻西汉今古文旧案

二十二　清代今文学与龚魏

今文学中心在公羊学　　清代公羊学由庄存与启蒙到刘逢禄发明
今文学派的开拓始于龚自珍　　辨东汉古文经传皆伪以魏源最有
力　　后之治今文学者喜以经术作政论即龚魏遗风

二十三　康有为是今文学运动的中心

康有为曾酷好《周礼》因见廖平书而尽弃旧说　　康有为的《新学伪
经考》《孔子改制考》《大同书》三书好比飓风、火山喷火和大地震
康有为说孔子托古改制乃一种政治革命　　康有为比孔子为基督
乃误认欧洲尊景教为治强之本　　孔子改制说对思想界的四大
影响

二十四　《大同书》是康有为的创作

康有为以《春秋》三世之义说《礼运》为孔子理想的社会制度　　《大
同书》的条理　　其理想与今世的世界主义　　社会主义多合符契
康有为发明新理想却不愿其实现　　康有为欲实行小康政治的
失败

二十五　梁启超的今文学派宣传运动

梁启超、陈千秋成为康有为弟子　　梁启超不慊于其师的武断及以神秘性说孔子　　梁启超以为汉代今古文经皆出荀卿于是专以绌荀申孟为标识　　梁启超与夏曾佑、谭嗣同的"排荀"运动　　梁启超创《时务报》与主讲湖南时务学堂盛倡变法和革命　　戊戌政变乃学术之争延为政争

二十六　梁启超与康有为的分歧

"不惜以今日之我难昔日之我"　　梁启超自三十以后已不谈"伪经"且屡驳康有为的孔教论　　梁启超欲拔中国旧思想之病根而康梁学派遂分　　梁启超可谓新思想界之陈涉　　梁启超与康有为最相反一点在康太有成见而梁太无成见　　梁启超如不克服其短则将成为清代思想史之结束人物

二十七　晚清思想界一彗星——谭嗣同

谭嗣同交梁启超、师杨文会以后学有二变　　《仁学》的内容与精神　谭嗣同根本排斥尊古观念故比秦政为"大盗"而比荀学为"乡愿"　谭说"冲决罗网"举例　　《仁学》论政实谭梁一派之根本信条可归于世界主义

二十八　清学正统派的殿军——章炳麟

章炳麟的学术变异　　章炳麟自述治学进化之迹　　章炳麟对学界的影响至巨而思想解放之勇决不如今文家

二十九　晚清西洋思想之运动

"中体西用"与"学问饥饿"　　梁启超式的新思想输入　　严译《天演论》等名著为西洋留学生与本国思想发生关系之首　　晚清西洋思想之运动的最大不幸在西洋留学生未全体参加此运动　　晚清一切新学家失败的根源在不以学问为目的而以为手段

清代学术概论 |

梁启超　撰

自　序

（一）吾著此篇之动机有二。其一，胡适语我：晚清"今文学运动"，于思想界影响至大，吾子实躬与其役者，宜有以纪之。其二，蒋方震著《欧洲文艺复兴时代史》新成，索余序，吾觉泛泛为一序，无以益其善美，计不如取吾史中类似之时代相印证焉，庶可以校彼我之短长而自淬厉也。乃与约，作此文以代序。既而下笔不能自休，遂成数万言，篇幅几与原书埒。天下古今，固无此等序文。脱稿后，只得对于蒋书宣告独立矣。

（二）余于十八年前[①]，尝著《中国学术思想变迁之大势》，刊于《新民丛报》，其第八章论清代学术，章末结论云：

"此二百余年间总可命为中国之'文艺复兴时代'②,特其兴也,渐而非顿耳。然固俨然若一有机体之发达,至今日而葱葱郁郁,有方春之气焉。吾于我思想界之前途,抱无穷希望也。"

又云:

"有清学者,以实事求是为学鹄,饶有科学的精神,而更辅以分业的组织。"

又云:

"有清二百余年之学术,实取前此二千余年之学术,倒卷而缫演之,如剥春笋,愈剥而愈近里;如啖甘蔗,愈啖而愈有味;不可谓非一奇异之现象也。此现象谁造之?曰:社会周遭种种因缘造之。"

余今日之根本观念,与十八年前无大异同。惟局部的观察,今视昔似较为精密。

且当时多有为而发之言,其结论往往流于偏至。——故今全行改作,采旧文者十一二而已。

(三)有清一代学术,可纪者不少,其卓然成一潮流,带有时代运动的色彩者,在前半期为"考证学",在后半期为"今文学",而今文学又实从考证学衍生而来。故本篇所记述,以此两潮流为主,其他则附庸耳。

(四)"今文学"之运动,鄙人实为其一员,不容不叙及。本篇纯以超然客观之精神论列之,即以现在执笔之另一梁启超,批评三十年来史料上之梁启超也。其批评正当与否,吾不敢知。吾惟对于史料上之梁启超力求忠实,亦如对于史料上之他人之力求忠实而已矣。

(五)篇中对于平生所极崇拜之先辈,与夫极尊敬之师友,皆直书其名,不用别号,从质家言,冀省读者脑力而已。

(六)自属稿至脱稿,费十五日,稿成即以寄《改造杂志》应期出版,更无余裕复勘,舛漏当甚多,惟读者教之。

民国九年十月十四日　　启超识

① 据《新民丛报》,《中国学术思想变迁之大势》第八、九二章,即题作《近世之学术(起明亡以迄今日)》的三节,刊出时间为 1904 年。以下引文三段,均见于此二章,故"十八年前"说不确,当作"十六年前"。

② 《新民丛报》原刊作"古学复兴时代"。

第二自序

（一）此书成后，友人中先读其原稿者数辈，而蒋方震、林志钧、胡适三君，各有所是正，乃采其说增加三节，改正数十处。三君之说，不复具引。非敢掠美，为行文避枝蔓而已。丁敬礼所谓"后世谁相知定吾文者耶"；谨记此以志谢三君。

（二）久抱著《中国学术史》之志，迁延未成。此书既脱稿，诸朋好益相督责，谓当将清代以前学术一并论述，庶可为向学之士省精力，亦可唤起学问上兴味也。于是决意为之，分为五部：其一，先秦学术；其二，两汉六朝经学及魏晋玄学；其三，隋唐佛学；其四，宋明理学；其五，则清学也。今所从事者则佛学之部，名曰《中国佛学史》，草创正半。欲以一年内成此五部,能否未敢知,勉自策厉而已。故此书遂题为"中国学术史第五种"。

（三）本书属稿之始,本为他书作序,非独立著一书也,故其体例不自惬者甚多。既已成编,即复怠于改作,故不名曰《清代学术史》,而名曰《清代学术概论》,因著史不能若是之简陋也。五部完成后,当更改之耳。

九年十一月二十九日　　启超记

一 〔论时代思潮〕

　　今之恒言,曰"时代思潮"。此其语最妙于形容。凡文化发展之国,其国民于一时期中,因环境之变迁,与夫心理之感召,不期而思想之进路,同趋于一方向,于是相与呼应汹涌,如潮然。始焉其势甚微,几莫之觉;寖假而涨——涨——涨,而达于满度;过时焉则落,以渐至于衰熄。凡"思"非皆能成"潮";能成"潮"者,则其"思"必有相当之价值,而又适合于其时代之要求者也。凡"时代"非皆有"思潮";有思潮之时代,必文化昂进之时代也。其在我国,自秦以后,确能成为时代思潮者,则汉之经学,隋唐之佛学,宋及明之理学,清之考证学,四者而已。

1

凡时代思潮,无不由"继续的群众运动"而成。所谓运动者,非必有意识、有计划、有组织,不能分为谁主动、谁被动。其参加运动之人员,每各不相谋,各不相知。其从事运动时所任之职役,各各不同。所采之手段亦互异。于同一运动之下,往往分无数小支派,甚且相嫉视相排击。虽然,其中必有一种或数种之共通观念焉,同根据之为思想之出发点。此种观念之势力,初时本甚微弱,愈运动则愈扩大,久之则成为一种权威。此观念者,在其时代中,俨然现"宗教之色彩"。一部分人,以宣传捍卫为己任,常以极纯洁之牺牲的精神赴之。及其权威渐立,则在社会上成为一种公共之好尚,忘其所以然,而共以此为嗜,若此者,今之译语,谓之"流行";古之成语,则曰"风气"。风气者,一时的信仰也,人鲜敢婴之,亦不乐婴之,其性质几比宗教矣。一思潮播为风气,则其成熟之时也。

佛说一切流转相,例分四期,曰:生、住、异、灭。思潮之流转也正然,例分四期:一、启蒙期(生),二、全盛期(住),三、蜕分期(异),四、衰落期(灭)。无论何国何时代之思潮,其发展变迁,多循斯轨。

启蒙期者,对于旧思潮初起反动之期也。旧思潮经全盛之后,如果之极熟而致烂,如血之凝固而成瘀,则反动不得不起。反动者,凡以求建设新思潮也。然建设必先之以破坏,故此期之重要人物,其精力皆用于破坏,而建设盖有所未遑。所谓未遑者,非阁置之谓。其建设之主要精神,在此期间必已孕育,如史家所谓"开国规模"者然。虽然,其条理未确立,其研究方法正在间错试验中,弃取未定,故此期之著作,恒驳而不纯,但在淆乱粗糙之中,自有一种元气淋漓之象。此启蒙期之特色也,当佛说所谓"生"相。

于是进为全盛期。破坏事业已告终。旧思潮屏息慑伏。不复能抗颜行,更无须攻击防卫以糜精力。而经前期酝酿培灌之结果,思想内容,日以充实;研究方法,亦日以精密。门户堂奥,次第建树,继长增高,"宗庙之美,百官之富",粲然矣。一世才智之士,以此为好尚,相与淬厉精进;阘冗者犹希声附和,以不获厕于其林为耻。此全盛期之特色也,当佛说所谓"住"相。

更进则入于蜕分期。境界国土,为前期人士开辟殆尽,然学者之聪明才力，终不能无所用也，只得取局部问题，为"窄而深"的研究，或取其研究方法，应用之于别方面，于是派中小派出焉。而其时之环境，必有以异乎前；晚出之派，进取气较盛，易与环境顺应，故往往以附庸蔚为大国，则新衍之别派与旧传之正统派成对峙之形势，或且骎骎乎夺其席。此蜕分期之特色也，当佛说所谓"异"相。

过此以往，则衰落期至焉。凡一学派当全盛之后，社会中希附末光者日众，陈陈相因，固已可厌。其时此派中精要之义，则先辈已浚发无余，承其流者，不过捃摭末节以弄诡辩。且支派分裂，排轧随之，益自暴露其缺点。环境既已变易，社会需要，别转一方向，而犹欲以全盛期之权威临之，则稍有志者必不乐受，而豪杰之士，欲创新必先推旧，遂以彼为破坏之目标。于是入于第二思潮之启蒙期，而此思潮遂告终焉。此衰落期无可逃避之运命，当佛说所谓"灭"相。

吾观中外古今之所谓"思潮"者，皆循此历程以递相流转，而有清三百年，则其最切著之例证也。

二 〔略论"清代思潮"〕

"清代思潮"果何物耶？简单言之：则对于宋明理学之一大反动，而以"复古"为其职志者也。其动机及其内容，皆与欧洲之"文艺复兴"绝相类。而欧洲当"文艺复兴期"经过以后所发生之新影响，则我国今日正见端焉。其盛衰之迹，恰如前节所论之四期。

其启蒙运动之代表人物，则顾炎武、胡渭、阎若璩也。其时正值晚明王学极盛而敝之后，学者习于"束书不观，游谈无根"，理学家不复能系社会之信仰。炎武等乃起而矫之，大倡"舍经学无理学"之说，教学者脱宋明儒羁勒，直接反求之于古经。而若璩辨伪经，唤起"求真"观念；渭攻"河洛"，扫架空说之根据;于是清学之规模立焉。同时对于明学之反动,尚有数种方向。其一,颜元、李塨一派,谓"学问固不当求诸瞑想,亦不当求诸书册,惟当于日常行事中求之"。而刘献廷以孤往之姿,其得力处亦略近此派。其二,黄宗羲、万斯同一派,以史学为根据,而推之于当世之务。顾炎武所学,本亦具此精神。而黄、万辈规模之大不逮顾,故专向此一方面发展。同时顾祖禹之学,亦大略同一径路。其后则衍为全祖望、章学诚等,于清学为别派。其三,王锡阐、梅文鼎一派,专治天算,开自然科学之端绪焉。此诸派者,其研究学问之方法,皆与明儒根本差异。除颜、李一派中绝外,其余皆有传于后。而顾、阎、胡尤为正统派不祧之大宗。其犹为旧学(理学)坚守残垒、效死勿去者,则有孙奇逢、李中孚①、陆世仪等,而其学风已由明而渐返于宋。即诸新学家,其思想中,留宋人之痕迹犹不少。故此期之复古,可谓由明以复于宋,且渐复于汉、唐。

其全盛运动之代表人物,则惠栋、戴震、段玉裁、王念孙、王引之也,吾名之曰正统派。试举启蒙派与正统派相异之点:一,启蒙派对于宋学,一部分猛烈攻击,而仍因袭其一部分;正统派则自固壁垒,将宋学置之不议不论之列。二,启蒙派抱通经致用之观念,故喜言成败得失经世之务;正统派则为考证而考证,为经学而治经学。正统派之中坚,在皖与吴。开吴者惠,开皖者戴。惠栋受学于其父士奇,其弟子有江声、余萧客,而王鸣盛、钱大昕、汪中、刘台拱、江藩等皆汲其流。戴震受学于江永,亦事栋以先辈礼。震之在乡里,衍其学者,有金榜、程瑶田、凌廷堪、三胡——匡衷、培翚、春乔②——等。其教于京师,弟子之显者,有任大椿、卢文弨、孔广森、段玉裁、王念孙。念孙以授其子引之。玉裁、念孙、引之最能光大震学,世称戴、段、二王焉。其实清儒最恶立门户,不喜以师弟相标榜。凡诸大师皆交相师友,更无派别可言也。惠、戴齐名,而惠尊闻好博,戴深刻断制。惠仅"述者",而戴则"作者"也。受其学者,成就之大小亦因以异,故正统派之盟主必推戴。当时学者承流向风各有建树者,不可数计,而纪昀、王昶、毕沅、阮元辈,皆处贵要,倾心宗尚,隐若护法,于是兹派称全盛焉。其治学根本方法,在"实事求是"、"无征不信"。其研究范围,以经学为中心,而衍及小学、音韵、史学、天算、水地、典章制度、金石、校勘、辑逸等等；而引证取材，多极于两汉，故亦有"汉学"之目。当斯时也，学风殆统于一。启蒙期之宋学残绪，亦莫能续，仅有所谓古文家者，假"因文见道"之名，欲承其祧，时与汉学为难，然志力两薄，不足以张其军。

其蜕分期运动之代表人物，则康有为、梁启超也。当正统派全盛时，学者以专经为尚，于是有庄存与，始治《春秋公羊传》有心得，而刘逢禄、龚自珍最能传其学。《公羊传》者，"今文学"也。东汉时，本有今文古文之争，甚烈。《诗》之"毛传"，《春秋》之"左传"，及《周官》，皆晚出，称古文，学者不信之。至汉末而古文学乃盛。自阎若璩攻《伪古文尚书》得胜，渐开学者疑经之风。于是刘逢禄大疑《春秋左氏传》，魏源大疑《诗毛氏传》。若《周官》，则宋以来固多疑之矣。康有为乃综集诸家说，严画今古文分野，谓凡东汉晚出之古文经传，皆刘歆所伪造。正统派所最尊崇之许、郑，皆在所排击。则所谓复古者，由东汉以复于西汉。有为又宗公羊，立"孔子改制"说，谓六经皆孔子所作，尧舜皆孔子依托，而先秦诸子，亦罔不"托古改制"。实极大胆之论，对于数千年经籍谋一突飞的大解放，以开自由研究之门。其弟子最著者,陈千秋、梁启超。千秋早卒。启超以教授著述,大弘其学。然启超与正统派因缘较深,时时不慊于其师之武断,故末流多有异同。有为、启超皆抱启蒙期"致用"的观念,借经术以文饰其政论,颇失"为经学而治经学"之本意,故其业不昌,而转成为欧西思想输入之导引。

清学之蜕分期,同时即其衰落期也。顾、阎、胡、惠、戴、段、二王诸先辈,非特学识渊粹卓绝,即行谊亦至狷洁。及其学既盛,举国希声附和,浮华之士亦竞趋焉,固已渐为社会所厌。且兹学荦荦诸大端,为前人发挥略尽,后起者率因袭补苴,无复创作精神;即有发明,亦皆末节,汉人所谓"碎义逃难"也。而其人犹自倨贵,俨成一种"学阀"之观。今古文之争起,互相诋诬,缺点益暴露。海通以还,外学输入,学子憬然于竺旧之非计,相率吐弃之,其命运自不能以复久延。然在此期中,犹有一二大师焉,为正统派死守最后之壁垒,曰俞樾,曰孙诒让,皆得流③于高邮王氏。樾著书,惟二三种独精绝,余乃类无行之袁枚,亦衰落期之一征也。诒让则有醇无疵,得此后殿,清学有光矣。樾弟子有章炳麟,智过其师,然亦以好谈政治,稍荒厥业。而绩溪诸胡之后有胡适者,亦用清儒方法治学,有正统派遗风。

综观二百余年之学史,其影响及于全思想界者,一言蔽之,曰"以复古为解放"。第一步,复宋之古,对于王学而得解放。第二步,复汉唐之古,对于程朱而得解放。第三步,复西汉之古,对于许郑而得解放。第四步,复先秦之古,对于一切传注而得解放。夫既已复先秦之古,则非至对于孔孟而得解放焉不止矣。然其所以能著著奏解放之效者,则科学的研究精神实启之。今清学固衰落矣,"四时之运,成功者退",其衰落乃势之必然,亦事之有益者也。无所容其痛惜留恋,惟能将此研究精神转用于他方向,则清学亡而不亡也矣。

略论既竟,今当分说各期。

---

① 李中孚,李颙号。凡本书论及清代学者,均称名;此称号,当正。下同。
② 春乔,胡秉虔号。按章炳麟《訄书·清儒》:"三胡者,匡衷、承珙、培翚也,皆善治《礼》。"(《检论·清儒》同)有胡承珙,而无胡秉虔。考胡秉

　　虔虽为安徽绩溪人,为胡匡衷之侄,胡培翚堂叔,然不治三《礼》,故章
说义长。又梁氏《中国近三百年学术史》亦以胡承珙与胡匡衷、胡培翚
并提。

③ 流,《饮冰室合集》本作"统",此据商务版《共学社史学丛书》本。

三 〔清学的出发点〕

吾言"清学之出发点,在对于宋明理学一大反动",夫宋明理学何为而招反动耶?学派上之"主智"与"主意","唯物"与"唯心","实验"与"冥证",每迭为循环。大抵甲派至全盛时必有流弊,有流弊斯有反动,而乙派与之代兴。乙派之由盛而弊,而反动亦然。然每经一度之反动再兴,则其派之内容,必革新焉而有以异乎其前。人类德慧智术之所以进化,胥恃此也。此在欧洲三千年学术史中,其大势最著明。我国亦不能违此公例,而明清之交,则其嬗代之迹之尤易见者也。

唐代佛学极昌之后,宋儒采之,以建设一种"儒表佛里"的新哲学,至明而全盛。此派新哲学,在历史上有极大之价值,自无待言。顾吾辈所最不慊者,其一,既采取佛说而损益之,何可讳其所自出,而反加以丑诋;其二,所创新派既并非孔孟本来面目,何必附其名而淆其实?是故吾于宋明之学,认其独到且有益之处确不少,但对于其建设表示之形式,不能曲恕,谓其既诬孔,且诬佛,而并以自诬也。明王守仁为兹派晚出之杰,而其中此习气也亦更甚,即如彼所作《朱子晚年定论》,强指不同之朱陆为同,实则自附于朱,且诬朱从我。此种习气,为思想界之障碍者有二。一曰遏抑创造,一学派既为我所自创,何必依附古人以为重?必依附古人,岂非谓生古人后者,便不应有所创造耶?二曰奖励虚伪,古人之说诚如是,则宗述之可也;并非如是,而以我之所指者实之,此无异指鹿为马,淆乱真相,于学问为不忠实。宋明学之根本缺点在于是。

　　进而考其思想之本质,则所研究之对象,乃纯在绍绍灵灵不可捉摸之一物。少数俊拔笃挚之士,曷尝不循此道而求得身心安宅?然效之及于世者已鲜,而浮伪之辈,摭拾虚辞以相夸煽,乃甚易易。故晚明"狂禅"一派,至于"满街皆是圣人","酒色财气不碍菩提路",道德且堕落极矣。重以制科帖括,笼罩天下,学者但习此种影响因袭之谈,便足以取富贵,弋名誉,举国靡然化之,则相率于不学,且无所用心。故晚明理学之弊,恰如欧洲中世纪黑暗时代之景教。其极也,能使人之心思耳目皆闭塞不用,独立创造之精神,消蚀达于零度。夫人类之有"学问欲",其天性也。"学问饥饿"至于此极,则反动其安得不起?

四 〔顾炎武与清学的"黎明运动"〕

当此反动期而从事于"黎明运动"者，则昆山顾炎武其第一人也。炎武对于晚明学风，首施猛烈之攻击，而归罪于王守仁。其言曰：

今之君子，聚宾客门人数十百人，与之言心言性。舍"多学而识"以求"一贯"之方，置"四海困穷"不言而讲"危微精一"，我弗敢知也。(《亭林文集·答友人论学书》)①

又曰：

今之学者,偶有所窥,则欲尽废先儒之说而驾其上②;不学则借"一贯"之言以文其陋,无行则逃之"性命"之乡以使人不可诘。(《日知录》十八)

又曰:

以一人而易天下,其流风至于百有余年之久者,古有之矣,王夷甫之清谈,王介甫之新说;其在于今,则王伯安之良知是也。孟子曰:"天下之生久矣,一治一乱。"拨乱世反诸正,岂不在③后贤乎!(同上)

凡一新学派初立,对于旧学派,非持绝对严正的攻击态度,不足以摧故锋而张新军,炎武之排斥晚明学风,其锋芒峻露,大率类是。自兹以后,王学遂衰熄,清代犹有袭理学以为名高者,则皆自托于程朱之徒也。虽曰王学末流极敝,使人心厌倦,本有不摧自破之势,然大声疾呼以促思潮之转换,则炎武最有力焉。

炎武未尝直攻程朱，根本不承认理学之能独立。其言曰：

> 古今安得别有所谓理学者？经学即理学也。自有舍经学
> 以言理学者，而邪说以起。（全祖望《亭林先生神道表》引）

"经学即理学"一语，则炎武所创学派之新旗帜也。其正当与否，且勿深论。——以吾侪今日眼光观之，此语有两病。其一，以经学代理学，是推翻一偶像而别供一偶像。其二，理学即哲学也，实应离经学而为一独立学科。——虽然，有清一代学术，确在此旗帜之下而获一新生命。昔有非笑六朝经师者，谓"宁说周、孔误，不言郑、服非"。宋、元、明以来谈理学者亦然，宁得罪孔、孟，不敢议周、程、张、邵、朱、陆、王。有议之者，几如在专制君主治下犯"大不敬"律也。而所谓理学家者，盖俨然成一最尊贵之学阀而奴视群学。自炎武此说出，而此学阀之神圣，忽为革命军所粉碎，此实四五百年来思想界之一大解放也。

凡启蒙时代之大学者，其造诣不必极精深，但常规定研究

之范围,创革研究之方法,而以新锐之精神贯注之。顾炎武之在"清学派",即其人也。炎武著述,其有统系的组织而手定成书者,惟《音学五书》耳。其《天下郡国利病书》、《肇域志》,造端宏大,仅有长编,未为定稿。《日知录》为生平精力所集注,则又笔记备忘之类耳。自余遗书尚十数种,皆明单义,并非巨裁。然则炎武所以能当一代开派宗师之名者何在? 则在其能建设研究之方法而已。约举有三。

一曰贵创。炎武之言曰:"有明一代之人,其所著书,无非窃盗而已。"(《日知录》十八)其论著书之难,曰:"必古人①所未及就,后世之所不可无,而后为之。"(《日知录》十九)其《日知录》自序云:"愚自少读书,有所得辄记之。其有不合,时复改定。或古人先我而有者,则遂削之。"故凡炎武所著书,可决其无一语蹈袭古人。其论文也亦然,曰:"近代文章之病,全在摹仿,即使逼肖古人,已非极诣。"(《日知录》十九)又曰:"君诗之病在于有杜,君文之病在于有韩欧。有此蹊径于胸中,便终身不脱'依傍'二字。"(《亭林文集·与人书十七》)观此知摹仿依傍,炎武所最恶也。

二曰博证。《四库全书》"日知录提要"云:"炎武学有本原,博赡而能贯通。每一事必详其始末,参以证佐,而后笔之于书,故引据浩繁,而牴牾者少。"此语最能传炎武治学法门。全祖望云:"凡先生之游,载书自随。所至阨塞,即呼老兵退卒询其曲折,或与平日所闻不合,即发书而对勘之。"⑤(《鲒埼亭集·亭林先生神道表》)盖炎武研学之要诀在是。论一事必举证,尤不以孤证自足,必取之甚博,证备然后自表其所信。其自述治音韵之学也,曰:"……列本证,旁证二条。本证者,诗自相证也。旁证者采之他书也。二者俱无,则宛转以审其音,参伍以谐其韵。……"(《音论》)此所用者,皆近世科学的研究法。乾嘉以还,学者固所共习,在当时则固炎武所自创也。

三曰致用。炎武之言曰:"孔子删述六经,即伊尹、太公救民水火之心,故曰:'载诸空言,不如见诸行事。'……愚不揣,有见于此,凡文之不关于六经之指、当时之务者,一切不为。"(《亭林文集·与人书三》)⑥彼诚能践其言。其终身所撰著,盖不越此范围。其所谓"用"者,果真为有用与否,此属别问题。要之,其标"实用主义"以为鹄,务使学问与社会之关系增加密度,此实对于晚明之帖括派、清谈派施一大针砭。清代儒者以朴学自命以示别于文人,实炎武启之。最近数十年以经术而影响于政体,亦远绍炎武之精神也。

---

① 此段引文多所删略,原文如下:"今之君子则不然。聚宾客门人之学者数十百人,'譬诸草本,区以别矣',而一皆与之言心言性。舍多学而识,以求一贯之方,置四海之困穷不言,而终日讲危微精一之说,是必其道之高于夫子,而其门弟子之贤于子贡,桃东鲁而直接二帝之心传者也。我弗敢知也。"(据《四部丛刊》本影潘刻《亭林文集》卷3)又,篇名原作《与友人论学书》。

② 驾,《日知录》卷18"朱子晚年定论"条作"出"(据道光刊黄汝成集释本),当据正。

③ 在,同上引书下有"于"字。

④ 古人,同前引书卷19"著书之难"条,原文下有"之"字。

⑤ 所闻不合,诸本均误"不"为"相",据嘉庆十六年刊本《鲒埼亭集》卷12原文改正。又,引文删略九字:"载书自随",上有"以二马二骡"五字;"即发书",原作"则即坊肆中发书"。

⑥ 《与人书三》,诸本均误"三"为"二",据前引《亭林文集》影潘刻本卷4改正。又,引文删略二十字,"孔子"下有"之"字,"救民"下有"于"字,"救民〔于〕水火之心",下略"而今之注虫鱼、命草木者,皆不足以语此也"十七字;"凡"字上有"故"字。

五　〔阎若璩和胡渭〕

汪中尝拟为《国朝六儒颂》,其人则昆山顾炎武、德清胡渭、宣城梅文鼎、太原阎若璩、元和惠栋、休宁戴震也。其言曰:

> 古学之兴也,顾氏始开其端。河洛矫诬,至胡氏而绌。中西推步,至梅氏而精。力攻古文者,阎氏也。专言汉儒《易》者,惠氏也。凡此皆千余年不传之绝学,及戴氏出而集其成焉。(凌廷堪《校礼堂集》"汪容甫墓志铭")

其所推挹盖甚当,六君者洵清儒之魁也。然语于思想界影响之巨,则吾于顾、戴之外,独推阎、胡。

阎若璩之所以伟大,在其《尚书古文疏证》也。胡渭之所以伟大,在其《易图明辨》也。汪中则既言之矣。夫此两书所研究者,皆不过局部问题,曷为能影响于思想界之全部?且其书又不免漏略芜杂,为后人所纠者不少。——阮元辑《学海堂经解》,两书皆摈不录。——曷为推尊之如是其至?吾固有说。

《尚书古文疏证》,专辨东晋晚出之《古文尚书》十六篇①及同时出现之孔安国《尚书传》皆为伪书也。此书之伪,自宋朱熹、元吴澄以来,既有疑之者;顾虽积疑,然有所惮而莫敢断;自若璩此书出而谳乃定。夫辨十数篇之伪书,则何关轻重?殊不知此伪书者,千余年来,举国学子人人习之,七八岁便都上口,心目中恒视为神圣不可侵犯;历代帝王,经筵日讲,临轩发策,咸所依据尊尚。毅然悍然辞而辟之,非天下之大勇,固不能矣。自汉武帝表章六艺、罢黜百家以来,国人之对于六经,只许征引,只许解释,不许批评研究。韩愈所谓"曾经圣人手,议论安敢到?"若对于经文之一字一句稍涉疑议,便自觉陷于"非圣无法",蹙然不自安于其良心,非特畏法网、惮清议而已。凡事物之含有宗教性者,例不许作为学问上研究之问题。一作为问题,其神圣之地位固已摇动矣!今不唯成为问题而已,而研究之结果,乃知畴昔所共奉为神圣者,其中一部分实粪土也,则人心之受刺激起惊愕而生变化,宜何如者?盖自兹以往,而一切经文,皆可以成为研究之问题矣。再进一步,而一切经义,皆可以成为研究之问题矣。以旧学家眼光观之,直可指为人心世道之忧。——当时毛奇龄著《古文尚书冤词》以难阎,自比于抑洪水驱猛兽。光绪间有洪良品者,犹著书数十万言,欲翻阎案,意亦同此。——以吾侪今日之眼光观之,则诚思想界之一大解放。后此今古文经对待研究,成为问题;六经诸子对待研究,成为问题;中国经典与外国宗教哲学诸书对待研究,成为问题;其最初之动机,实发于此。

胡渭之《易图明辨》,大旨辨宋以来所谓《河图》、《洛书》者,传自邵雍。雍受诸李之才,之才受诸道士陈抟②,非羲、文、周、孔所有,与《易》义无关。此似更属一局部之小问题,吾辈何故认为与阎书有同等之价值耶?须知所谓"无极"、"太极",所谓《河图》、《洛书》,实组织"宋学"之主要根核。宋儒言理,言气,言数,言命,言心,言性,无不从此衍出。周敦颐自谓"得不传之学于遗经",程朱辈祖述之,谓为道统所攸寄,于是占领思想界五六百年,其权威几与经典相埒。渭之此书,以《易》还诸羲、文、周、孔,以《图》还诸陈、邵,并不为过情之抨击,而宋学已受"致命伤"。自此,学者乃知宋学自宋学,孔学自孔学,离之双美,合之两伤。(此胡氏自序中语)自此,学者乃知欲求孔子所谓真理,舍宋人所用方法外,尚别有其途。不宁唯是,我国人好以"阴阳五行"说经说理,不自宋始,盖汉以来已然。一切惑世诬民汩灵窒智之邪说邪术,皆缘附而起。胡氏此书,乃将此等异说之来历,和盘托出,使其不复能依附经训以自重,此实思想之一大革命也。

欧洲十九世纪中叶,英人达尔文之《种源论》,法人雷能之《耶稣基督传》,先后两年出版,而全欧思想界为之大摇,基督教所受影响尤剧。夫达尔文自发表其生物学上之见解,于教宗何与?然而被其影响者,教义之立脚点破也。雷能之传,极推挹基督,然反损其信仰者,基督从来不成为学问上之问题,自此遂成为问题也。明乎此间消息，则阎、胡两君之书，在中国学术史上之价值，可以推见矣。

若论清学界最初之革命者，尚有毛奇龄其人。其所著《河图原舛篇》③、《太极图说遗议》等，皆在胡渭前；后此清儒所治诸学，彼亦多引其绪。但其言古音则诋顾炎武，言《尚书》则诋阎若璩，故汉学家祧之不宗焉。全祖望为《毛西河别传》④，谓"其所著书，有造为典故以欺人者，有造为师承以示人有本者，有前人之误已经辨正、尚袭其误而不知者，有信口臆说者，有不考古而妄言者，有前人之言本有出而妄斥为无稽者，有改古书以就己者"。祖望于此诸项，每项举一条为例，更著有《萧山毛氏纠缪》十卷。平心论之，毛氏在启蒙期，不失为一冲锋陷阵之猛将，但于"学者的道德"缺焉，后儒不宗之，宜耳。

同时有姚际恒者，其怀疑精神极炽烈，疑《古文尚书》，疑《周礼》，疑《诗序》，乃至疑《孝经》，疑《易传》十翼。其所著"诸经通论"未之见，但其《古今伪书考》，列举经史子部疑伪之书共数十种，中固多精凿之论也。

① 此误。阎氏谓:"予之辨伪古文,吃紧在孔壁原有真古文,为《舜典》、《汨作》、《九共》等二十四篇,非张霸伪撰,孔安国以下、马郑以上,传习尽在于是。《大禹谟》、《五子之歌》等二十五篇,则晚出魏晋间,假托孔安国之名者。此根底也。"见《尚书古文疏证》卷8。可知阎氏所辨"伪古文",乃二十五篇,非十六篇。下文"十数篇",亦误。

② 据《宋史·道学传》,陈抟《易》说,传于穆修,穆修传于李之才,李之才传于邵雍。是李之才为陈抟再传弟子,此谓"之才受诸道士陈抟",盖误。

③ 书名当作《河图洛书原舛编》,此漏"洛书"二字。

④ 据前引嘉庆本《鲒埼亭集·外编》卷12,篇名原作《萧山毛检讨别传》。

六 〔黄宗羲和王夫之〕

吾于清初大师，最尊顾、黄、王、颜，皆明学反动所产也。顾为正统派所自出，前既论列，今当继述三子者。

余姚黄宗羲，少受学于刘宗周，纯然明学也。中年以后，方向一变，其言曰："明人讲学，袭语录糟粕，不以六经为根柢，束书而从事于游谈，更滋流弊，故学者必先穷经。然拘执经术，不适于用，欲免迂儒，必兼读史。"（《清史·黄宗羲传》）又曰："读书不多，无以证①理之变化。多而不求于心，则为俗学。"（全祖望《鲒埼亭集·黄梨洲先生神道碑》）大抵清代经学之祖推炎武，其史学之祖当推宗羲。所著《明儒学案》，中国之有"学术史"，自此始也。又好治天算，著书八种。全祖望谓

"梅文鼎本《周髀》言天文,世惊为不传之秘,而不知宗羲实开之"。其《律吕新义》,开乐律研究之绪。其《易学象数论》,与胡渭《易图明辨》互相发明。其《授书随笔》,则答阎若璩问也。故阎、胡之学,皆受宗羲影响。其他学亦称是。

清初之儒,皆讲"致用",所谓"经世之务"是也。宗羲以史学为根柢,故言之尤辩。其最有影响于近代思想者,则《明夷待访录》也,其言曰:

后之为君者,以天下之利尽归于己,天下之害尽归于人。……使天下之人,不敢自私,不敢自利,以我之大私为天下之公。……视天下为莫大之产业,……凡天下之无地而得安宁者,为有君也。……天下之人,怨恶其君,视之为寇仇,名之为独夫,固其所也。而小儒规规焉以君臣之义无所逃于天地之间,至桀纣之暴犹谓不当诛。……欲以如父如天之空名,禁人窥伺。②(《原君》)

又曰:

后之人主，既得天下，唯恐其子孙之不能保有也，思患于未然而为之法。然则其所谓法者，一家之法，而非天下之法也。……夫非法之法，前王不胜其利欲之私以创之，后王或不胜其利欲之私以坏之，坏之者固足以害天下，其创之者亦未始非害天下也。……论者谓有治人无治法，吾谓有治法而后有治人。③（《原法》）

此等论调，由今日观之，固甚普通甚肤浅，然在二百六七十年前，则真极大胆之创论也。故顾炎武见之而叹，谓"三代之治可复"。而后此梁启超、谭嗣同辈倡民权共和之说，则将其书节钞④印数万本，秘密散布，于晚清思想之骤变，极有力焉。

清代史学极盛于浙，鄞县万斯同最称首出。斯同则宗羲弟子也。唐以后之史，皆官家设局分修，斯同最非之，谓："官修之史，仓猝成于众人，犹招市人与谋室中之事。"（钱大昕《潜研堂集·万季野先生传》）以独力成《明史稿》，论者谓迁、固以后一人而已。其后斯同同县有全祖望，亦私淑宗羲，言"文献学"者宗焉。会稽有章学诚,著《文史通义》,学识在刘知幾、郑樵上。

衡阳王夫之,生于南荒,学无所师承,且国变后遁迹深山,与一时士夫不相接,故当时无称之者。然亦因是戛戛独有所造,其攻王学甚力,尝曰:"'侮圣人之言',小人之大恶也。……姚江之学,横拈圣言之近似者,摘一句一字以为要妙,窜入其禅宗,尤为无忌惮之至。"⑤(《俟解》)又曰:"数传之后,愈徇迹而忘其真,或以钩考文句,分支配拟为穷经之能,仅资场屋射覆之用,其偏者以臆测度,趋入荒杳。"(《中庸补传衍》)遗书中此类之论甚多,皆感于明学之极敝而生反动,欲挽明以返诸宋,而于张载之《正蒙》,特推尚焉。其治学方法,已渐开科学研究的精神,尝曰:

天下之物理无穷,已精而又有其精者,随时以变,而皆不失于正。但信诸己而即执之,云何得当?况其所为信诸己者,又或因习气,或守一先生之言,而渐渍以为己心乎!⑥(《俟解》)

夫之著书极多,同治间金陵刻本二百八十八卷,犹未逮其半。皆不落"习气",不"守一先生之言"。其《读通鉴论》、《宋论》,往往有新解,为近代学子所喜诵习。尤能为深沈之思以撢绎名理,其《张子正蒙注》、《老子衍》、《庄子解》,皆覃精之作,盖欲自创一派哲学而未成也。其言"天理即在人欲之中,无人欲则天理亦无从发现"(《正蒙注》),可谓发宋元以来所未发。后此戴震学说,实由兹衍出。故刘献廷极推服之,谓:"天地元气,圣贤学脉,仅此一线。"(《广阳杂记》二)其乡后学谭嗣同之思想,受其影响最多,尝曰:"五百年来学者,真通天人之故者,船山一人而已。"(《仁学》卷上)尤可注意者,《遗书》目录中,有《相宗络索》及《三藏法师八识规矩论赞》二书(未刻)⑦。在彼时以儒者而知治"唯识宗",可不谓豪杰之士耶!

---

① 证,前引嘉庆本《鲒埼亭集》卷11,于此字下有"斯"字。

② 此段引文,无节引号处也删略甚多,原文如下:"后之为人君者不然,以为天下利害之权皆出于我,我以天下之利尽归于己,天下之害尽归于人,〔亦无不可〕;使天下之人,不敢自私,不敢自利,以我之大私为天下

之公,〔始而惭焉,久而安焉〕。视天下为莫大之产业。……凡天下之无地而得安宁者,为君也(原文"为君"二字间无"有"字)。……〔古者天下之人,爱戴其君,比之如父,拟之如天,诚不为过也;今也〕天下之人,怨恶其君,视之为寇仇,名之为独夫,固其所也。而小儒规规焉以君臣之义无所逃于天地之间,至桀纣之暴,犹谓〔汤武〕不当诛〔之〕,……〔后世之君〕欲以如父如天之空名,禁人之窥伺〔者,皆不便于其言,至废孟子而不立〕。"(据《四部备要》本。括弧内文字,乃删略便不成句者。)

③ 此段引文,也有未标节引号而删略者:"唯恐其"下,原文有"祚命之不长也"六字;"而为之法",原文"而"作"以";"非害天下也",原文"下"后有"者"字;"吾谓",原文作"吾以谓"。

④ 按此处所谓节钞本,名目及刊印处,均未见公私著录,迄今亦未发现刊本。待考。——按,此注承日本京都大学小野和子教授关注,而遍搜日本藏书,发现《明夷待访录》在清末确有节刊本,但刊行者并非梁启超,而是孙中山和他的盟友。请参拙著《求索真文明——晚清学术史论》,上海古籍出版社,1997 年 4 月再版,页 355。

⑤ "姚江之学",原文作"至姚江之学出";"横拈"之前,原文有"更"字。(据太平洋书店《船山遗书》本)

⑥ "不失于正",原文作"不失其正";"云何得当",原文作"如何得当";"而渐渍以为己心乎",原文作"渐渍而据为己心乎"。

⑦ 二书已见 1930 年太平洋书店排印本《船山遗书》。

七 〔颜元〕

顾、黄、王、颜,同一"王学"之反动也,而其反动所趋之方向各不同。黄氏始终不非王学,但是正其末流之空疏而已。顾、王两氏黜明存宋,而顾尊考证,王好名理。若颜氏者,则明目张胆以排程、朱、陆、王,而亦菲薄传注考证之学,故所谓"宋学"、"汉学"者,两皆吐弃,在诸儒中尤为挺拔,而其学卒不显于清世。

博野颜元,生于穷乡,育于异姓,饱更忧患,坚苦卓绝。其学有类罗马之"斯多噶派"。其对于旧思想之解放,最为彻底,尝曰:

立言但论是非，不论异同。是，则一二人之见不可易也。非，则虽千万人所同，不随声也；岂惟千万人，虽百千年同迷之局，我辈亦当以先觉觉后觉[①]，竟不必附和雷同也。（钟錂著《颜习斋言行录·学问篇》）

其尊重自己良心，确乎不可拔也如此。其对于宋学，为绝无闪缩之正面攻击，其言曰：

予昔尚有将就程朱，附之圣门支派之意。自一南游，见人人禅子，家家虚文，直与孔门对敌，必破一分程朱，始入一分孔孟，乃定以为孔孟与程朱判然两途，不愿作道统中乡愿矣。（李塨著《颜习斋先生年谱》卷下）

然则元之学之所以异于宋儒者何在耶？其最要之旨曰："习行于身者多，劳枯于心者少。"（《年谱》卷下）彼引申其义曰："人之岁月精神有限，诵说中度一日，便习行中错一日，纸墨上多一分，便身世上少一分。"（《存学编》论讲学）又曰："宋儒如得一路程本,观一处又观一处,自喜为通天下路程,人②亦以晓路称之,其实一步未行,一处未到。"(《年谱》卷下)又曰:"诸儒之论,在身乎? 在世乎? 徒纸笔耳。则言之悖于孔孟者坠也,言之不悖于孔孟者亦坠也。"③(《习斋纪余·未坠集序》)又曰:"譬之于医,有妄人者,止务览医书千百卷,熟读详说,以为予国手矣,视诊脉制药针灸为粗不足学。书日博,识日精,一人倡之,举世效之,岐、黄盈天下,而天下之人病相枕,死相接也。"(《存学编·学辩一》)④又曰:"为爱静空谈之学久,必至厌事。厌事必至废事,遇事即茫然,故误人才败天下事者宋学也。"⑤(《年谱》卷下)又曰:"书本上见,心头上思,可无所不及,而最易自欺欺世。不特无能,其实一无知也。"⑥(《言行录》卷下)其论学宗旨大率类此。

由此观之,元不独不认宋学为学,并不认汉学为学,明矣。元之意,盖谓学问绝不能向书本上或讲堂上求之,惟当于社会日常行事中求之。故其言曰:"人之认读者为学者,固非孔子之学;以读书之学解书,并非孔子之书。"(《言行录》卷下)又曰:"后儒将博学改为博读博著。"⑦(《年谱》卷下)其所揭橥以为学者,曰《周礼》大司徒之"乡三物"。——一,六德,知、仁、圣、义、忠、和;二,六行,孝、友、睦、姻、任、恤;三,六艺,礼、乐、射、御、书、数;而其所实行者尤在六艺。故躬耕、习医、学技击、学兵法、习礼、习乐,其教门人必使之各执一艺。"劳作神圣"之义,元之所最信仰也。其言曰:"养身莫善于习动,夙兴夜寐,振起精神,寻事去做。"(《言行录》卷上)曰:"生存一日当为生民办事一日。"(《年谱》卷下)质而言之,为做事故求学问,做事即是学问,舍做事外别无学问,此元之根本主义也。以实学代虚学,以动学代静学,以活学代死学,与最近教育新思潮最相合。但其所谓实、所谓动、所谓活者,究竟能免于虚静与死否耶? 此则时代为之,未可以今日社会情状绳古人矣。

元弟子最著者,曰李塨,曰王源,皆能实践其教。然元道太刻苦,类墨氏,传者卒稀,非久遂中绝。

---

① 后觉,引文原脱"觉"字,据钟錂《颜习斋先生言行录》校补。
② 人,原谱(《畿辅丛书》本)作"人人",此脱一"人"字。
③ 据《习斋纪余》卷1(《畿辅丛书》本),后二语内"孔孟"二字,原序均作

"尧舜周孔"四字。此处删三字,增一字。

④ 此段引文多所删略。《四存编》(《畿辅丛书》本)原文如下:"辟之于医,〔《黄帝素问》、《金匮》、《玉函》,所以明医理也,而疗疾救世,则必诊脉、制药、针灸、摩砭为之力也。〕今有妄人者,止务览医书千百卷,熟读详说,以为予国手矣,视诊脉、制药、针灸、〔摩砭〕为〔术家之〕粗,不足学〔也〕。书日博,识日精,一人倡之,举世效之,岐、黄盈天下,而天下之人,病相枕、死相接也,〔可谓明医乎?〕"(括弧内为删略文字)内"辟"字,梁改为"譬",是;"千百卷",梁引作"千万卷",误。又,篇题《学辨一》,"辨"当作"辩"。

⑤ "遇事"以下引文有删略,原文如下:"遇事即茫然,〔贤豪不免,况常人乎? 予尝言〕误人才、败天下事者,宋〔人之〕学。"(据前揭本原谱)梁氏将"贤豪"云十一字删去,改为"故"字;"宋人之学",改为"宋学"。

⑥ "不特无能"二语,于原文有删改。《颜习斋先生言行录》(《颜李丛书》本)原文作:"究之莫道一无能,其实一无知也。"

⑦ 引文有删略。原谱(前揭本)引作:"后儒〔以文墨为文,以虚理为礼,〕将博学改为博读〔博讲〕博著。"

八 〔梅文鼎、顾祖禹和刘献廷〕

我国科学最昌明者,惟天文算法,至清而尤盛。凡治经学者多兼通之。其开山之祖,则宣城梅文鼎也。杭世骏谓:"自明万历中利玛窦入中国,制器作图颇精密,……学者张皇过甚,无暇深考中算源流,辄以世传浅术,谓古《九章》尽此,于是薄古法为不足观;而或者株守旧闻,遽斥西人为异学。两家遂成隔阂。鼎集其书而为之说,稍变从我法,若三角比例等,原非中法可该,特为表出;古法方程,亦非西法所有,则专著论以明古人精意。"(杭世骏《道古堂集·梅定九征君传》)^①文鼎著书八十余种,其精神大率类是,知学问无国界,故无主奴之见。其所创获甚多,自言:"吾为此学,皆历最艰苦之后而后得简易。……惟求此理大显,绝学不致无传,则死且不憾。"(同上)盖粹然学者态度也。

清代地理学亦极盛。然乾嘉以后,率偏于考古,且其发明多属于局部的。以云体大思精,至今盖尚无出无锡顾祖禹《读史方舆纪要》上者。魏禧评之曰:"《职方》、《广舆》诸书,袭讹踵谬,名实乖错,悉据正史考订折衷之。此数千百年所绝无仅有之书也。……贯穿诸史,出以己所独见,其深思远识,在语言文字之外。"②(魏禧《叔子集·读史方舆纪要叙》)祖禹为此书,年二十九始属稿,五十乃成,无一日中辍,自言:"舟车所经,必览城郭③,按山川,稽里道,问关津;以及商旅之子、征戍之夫,或与从容谈论,考核异同。"(《读史方舆纪要》自叙)盖纯然现代科学精神也。

清初有一大学者而其学无传于后者,曰大兴刘献廷。王源表其墓曰:"脱身遍历九州,览其山川形势,访遗佚,交其豪杰,观其土俗,博采轶事,以益广其闻见,而质证其所学。……讨论天地阴阳之变、霸王大略、兵法、文章、典制、方域要害,……于礼乐、象纬、医药、书数、法律、农桑、火攻器制,旁通

博考,浩浩无涯矣。"(王源《居业堂集·刘处士墓表》)①而全祖望述其遗著有《新韵谱》者,最为精奇。全氏曰:

继庄(献廷字)"自谓于声音之道,别有所窥,足穷造化之奥,百世而不惑。尝作《新韵谱》,其悟自华严字母入,而参⑤以天竺陀罗尼、泰西腊顶话、小西天梵书,暨天方、蒙古、女直等音,又证之以辽人林益长之说,而益自信。同时吴修龄自谓苍颉以后第一人。继庄则曰,是其于天竺以下书皆未得通,而但略见华严之旨者也。继庄之法,先立鼻音二,以为韵本⑥,有开有合,各转阴阳上去入之五音,——阴阳即上下二平,——共十声,而不历喉腭舌齿唇之七位,故有横转无直送,则等韵重叠之失去矣。次定喉音四,为诸韵之宗,而后知⑦腊顶话,女直国书,梵音,尚有未精者;以四者为正喉音,而从此得半音、转音、伏音、送音、变喉音。又以二鼻音分配之,一为东北韵宗,一为西南韵宗。八韵立而四海之音可齐。于是以喉音互相合,凡得音十七;喉音与鼻音互相合,凡得音十;又以有余不尽者三合之,凡得音五;共计三十音为韵父。而韵历二十二位为韵母，横转各有五子，而万有不齐之声摄于此矣。"
"又欲谱四方土音，以穷宇宙元音之变，乃取《新韵谱》为主，而
以四方土音填之，逢人便可印正。"（全祖望《鲒埼亭集·刘继
庄传》）

　　盖自唐释守温始谋为中国创立新字母，直至民国七年教
育部颁行注音字母，垂阅千年，而斯业乃成。而中间最能覃思
而具其条理者，则献廷也。使其书而传于后，则此问题或早已
解决，而近三十年来学者，或可省许多研究之精力。然犹幸而
有全氏传其厓略，以资近代学者之取材。今注音字母，采其成
法不少，则固受赐多矣。全氏又述献廷关于地理、关于史学、
关于宗法之意见，而总论之曰："凡继庄所撰著，其运量皆非一
人一时所能成，故虽言之甚殷，而难于毕业。"斯实然也。然学
问之道，固未有成之于一人一时者，在后人能否善袭遗产以光
大之而已。彼献廷之《新韵谱》，岂非阅三百年而竟成也哉？
献廷尝言曰："人苟不能斡旋气运，利济天下⑧，徒以其知能为
一身家之谋，则不能⑨谓之人。"（王源《墓表》引）其学问大本可

概见,惜乎当时莫能传其绪也。

献廷书今存者惟一《广阳杂记》,实涉笔漫录之作,殆不足以见献廷。

同时有太原傅山者,以任侠闻于鼎革之交,国变后冯铨、魏象枢尝强荐之,几以身殉,遂易服为道士。[10]有问学者,则告之曰:"老夫学庄、列者也,于此间诸仁义事,实羞道之。"(全祖望《鲒埼亭集·傅青主事略》)[11]然史家谓"其学大河以北莫能及者"(吴翔凤《人史》)。

---

① 此段引文多删略。《道古堂文集》(光绪振绮堂补刊本)卷30本传原文如下:"自明万历中利玛窦入中国,〔始倡几何之学,以点线面体为测量之资,〕制器作图,颇〔为〕精密。……学者张皇过甚,无暇深考〔乎〕中算〔之〕源流,辄以世传浅术,谓古《九章》尽此,于是薄古法为不足观,而或者株守旧闻,遽斥西人为异学。两家〔之说〕,遂成隔阂。〔文〕鼎集其书而为之说,〔用筹用笔用尺,稍〕稍变从我法。若三角比例等,原非中法可诿,特为表出;古法方程,亦非西法所有,则专著论,以明古人〔之〕精意〔不可湮没〕。"

② 据《读史方舆纪要》(嘉庆敷文阁本)卷首魏叙,此语作"有在于言语文字之外"。

③ 前揭书顾氏《总叙二》,"必览"前有"亦"字。

④ 此段引文有删略。覆按《居业堂文集》(《畿辅丛书》本)卷19本文:"脱身遍历九州",原作"于是慨然欲遍历九州";"观其土俗"四字原无;"文章典制"下尚有"古今兴亡之故"六字。

⑤ 全氏原文(前揭本卷28),"参"下有"之"字。

⑥ 以为韵本,原文作"以鼻音为韵本"。

⑦ 而后知,原文此下尚有"泰西"二字。

⑧ 利济天下,此四字乃王源《刘处士墓表》(前揭本)原文所无。

⑨ 不能,王氏原文作"不得"。

⑩ 按此处叙事误。全祖望《阳曲傅先生事略》(《鲒埼亭集》卷26),谓"天下大定,自是始以黄冠自放"。据乾隆《寿阳县志》,谓明崇祯十七年(即清顺治元年,1644),傅山至山西寿阳拜郭静中为师,出家为道士。此后自号朱衣道人。而其以死拒博学鸿儒科征,事在康熙十八年(1679),距其为道士已三十五年。

⑪ 注中篇名当作《阳曲傅先生事略》,见《鲒埼亭集》卷26。

九 〔由启蒙到全盛〕

综上所述，可知启蒙期之思想界，极复杂而极绚烂。其所以致此之原因有四：

第一，承明学极空疏之后，人心厌倦，相率返于沈实。

第二，经大乱后，社会比较安宁，故人得有余裕以自厉于学。

第三，异族入主中夏，有志节者耻立乎其朝，故刊落声华，专集精力以治朴学。

第四，旧学派权威既坠，新学派系统未成，无"定于一尊"之弊，故自由之研究精神特盛。

其研究精神，因环境之冲动，所趋之方向亦有四：

第一，因矫晚明不学之弊，乃读古书，愈读而愈觉求真解之不易，则先求诸训诂名物典章制度等等，于是考证一派出。

第二，当时诸大师，皆遗老也。其于宗社之变，类含隐痛，志图匡复，故好研究古今史迹成败，地理阨塞，以及其他经世之务。

第三，自明之末叶，利玛窦等输入当时所谓西学者于中国，而学问研究方法上，生一种外来的变化。其初惟治天算者宗之，后则渐应用于他学。

第四，学风既由空返实，于是有从书上求实者，有从事上求实者。南人明敏多条理，故向著作方面发展。北人朴悫坚卓，故向力行方面发展。

此启蒙期思想发展途径之大概也。

然则第二期之全盛时代，独所谓正统派者（考证学）充量发达，余派则不盛，或全然中绝。其故何耶？以吾所思，原因亦有四：

一、颜、李之力行派，陈义甚高，然未免如庄子评墨子所云"其道大觳"，恐"天下不堪"。（《天下篇》）此等苦行，惟有宗教的信仰者能践之,然已不能责望之于人。颜元之教,既绝无"来生的"、"他界的"观念,在此现实界而惟恃极单纯极严冷的道德义务观念,教人牺牲一切享乐,本不能成为天下之达道。元之学所以一时尚能光大者,因其弟子直接受彼之人格的感化。一再传后,感化力递减,其渐归衰灭,乃自然之理。况其所谓实用之"艺",因社会变迁,非皆能周于用,而彼所最重者在"礼"。所谓"礼"者,二千年前一种形式,万非今日所能一一实践。既不能,则实者乃反为虚矣。此与当时求实之思潮,亦不相吻合,其不能成为风气也固宜。

二、吾尝言当时"经世学派"之昌,由于诸大师之志存匡复。诸大师始终不为清廷所用,固已大受猜忌。其后文字狱频兴,学者渐惴惴不自保,凡学术之触时讳者,不敢相讲习。然英拔之士,其聪明才力,终不能无所用也。诠释故训,究索名物,真所谓"于世无患、与人无争",学者可以自藏焉。又所谓经世之务者,固当与时消息,过时焉则不适用。治此学者既未能立见推行,则藏诸名山,终不免成为一种空论。等是空论,则浮薄之士,何尝不可剿说以自附?附者众则乱真而见厌矣。故乾嘉以降，此派衰熄，即治史学地理学者，亦全趋于考证方面，无复以议论行之矣。

三、凡欲一种学术之发达，其第一要件，在先有精良之研究法。清代考证学，顾、阎、胡、惠、戴诸师，实辟出一新途径，俾人人共循。贤者识大，不贤识小，皆可勉焉。中国积数千年文明，其古籍实有研究之大价值，如金之蕴于矿者至丰也。而又非研究之后，加以整理，则不能享其用，如在矿之金，非开采磨治焉不得也。故研究法一开，学者既感其有味，又感其必要，遂靡然向风焉。愈析而愈密，愈浚而愈深。盖此学派在当时饶有开拓之余地，凡加入派中者，苟能忠实从事，不拘大小，而总可以有所成，所以能拔异于诸派而独光大也。

四、清学之研究法，既近于"科学的"，则其趋向似宜向科学方面发展。今专用之于考古，除算学天文外，一切自然科学皆不发达，何也？凡一学术之兴，一面须有相当之历史，一面又乘特殊之机运。我国数千年学术，皆集中社会方面，于自然界方面素不措意，此无庸为讳也。而当时又无特别动机，使学者精力转一方向。且当考证新学派初兴，可开拓之殖民地太多,才智之士正趋焉,自不能分力于他途。天算者,经史中所固有也,故能以附庸之资格连带发达,而他无闻焉。其实欧洲之科学,亦直至近代而始昌明,在彼之"文艺复兴"时,其学风亦偏于考古。盖学术进化必经之级,应如是矣。

右述启蒙期竟,次及全盛期。

十 〔考证学的"群众化"和惠栋学派〕

　　启蒙期之考证学,不过居一部分势力。全盛期则占领全学界。故治全盛期学史者,考证学以外,殆不必置论。启蒙期之考证学,不过粗引端绪,其研究之漏略者,不一而足。——例如阎若璩之《尚书古文疏证》中多阑入日记信札之类,体例极芜杂。胡渭之《禹贡锥指》,多经济谈,且汉宋杂糅,家法不严。——苟无全盛期诸贤,则考证学能否成一宗派,盖未可知。夫无考证学则是无清学也,故言清学必以此时期为中坚。

　　在此期中,此学派已成为"群众化",派中有力人物甚多,皆互相师友。其学业亦极"单调"的,无甚派别之可特纪。故吾欲专叙一二人,以代表其余。当时巨子,共推惠栋、戴震,而戴学之精深，实过于惠。今略述二人之著述言论及其传授之绪，资比较焉。

元和惠栋，世传经学。祖父周惕，父士奇，咸有著述，称儒宗焉。栋受家学，益弘其业。所著有《九经古义》、《易汉学》、《周易述》、《明堂大道录》、《古文尚书考》、《后汉书补注》诸书。其弟子则沈彤①、江声、余萧客最著。萧客弟子江藩②著《汉学师承记》，推栋为斯学正统。实则栋未能完全代表一代之学术，不过门户壁垒，由彼而立耳。惠氏之学，以博闻强记为入门，以尊古守家法为究竟。士奇于九经、四史③、《国语》、《国策》、《楚辞》之文，皆能暗诵，尝对座客诵《史记·封禅书》终篇，不失一字。（钱大昕《潜研堂集·惠天牧先生传》）栋受其教，记诵益赅洽。士奇之言曰：

康成三《礼》，何休《公羊》，多引汉法，以其去古未远。……贾公彦于郑注……之类皆不能疏。……夫汉远于周，而唐又远于汉，宜其说之不能尽通也，况宋以后乎！④（《礼说》）

此可见惠氏家学,专以"古今"为"是非"之标准。栋之学,其根本精神即在是。其言曰:

汉人通经有家法,故有五经师。训诂之学,皆师所口授,其后乃著竹帛。所以汉经师之说,立于学官,与经并行。……古字古言,非经师不能辨。……是故古训不可改也,经师不可废也。……余家四世传经⑤,咸通古义。……因述家学作《九经古义》一书。(《九经古义·首述》)

惠派治学方法,吾得以八字蔽之,曰:"凡古必真,凡汉皆好。"其言"汉经师说与经并行",意盖欲尊之使侪于经矣。王引之尝曰:"惠定宇先生考古虽勤,而识不高,心不细,见异于今者则从之,大都不论是非。"(《焦氏丛书》卷首王伯申手札)可谓知言。栋以善《易》名,其治《易》也,于郑玄之所谓"爻辰",虞翻之所谓"纳甲",荀谓⑥之所谓"升降",京房之所谓"世应"、"飞伏"⑦,与夫"六日七分"⑧、"世轨"诸说,一一为之疏通证明。汪中所谓"千余年不传之绝学"⑨者也。以吾观之,此其矫诬,与陈抟之"河图洛书"有何差别?然彼则因其宋人所诵习也而排之,此则因其为汉人所倡道也而信之,可谓大惑不解。然而当时之人蔽焉,辄以此相尚。江藩者,惠派嫡传之法嗣也,其所著《国朝汉学师承记》,末附有《国朝经师经义目录》一篇,其言曰:

黄宗羲之《易学象数论》,虽辟陈抟、康节之学,而以纳甲动爻为伪象,又称王辅嗣注简当无浮义。黄宗炎之《图书辨惑》,力辟宋人,然不专宗汉学,非笃信之士。……胡朏明(渭)《洪范正论》,虽力攻图书之谬,而辟汉学五行灾异之说,是不知夏侯始昌之《洪范五行传》亦出伏生也。是以黜之。[⑩]

此种论调,最足以代表惠派宗旨。盖谓凡学说出于汉儒者,皆当遵守,其有敢指斥者,则目为信道不笃也。其后阮元辑《学海堂经解》,即以此为标准,故顾、黄、阎、胡诸名著,多见摈焉,谓其不醇也。平心论之,此派在清代学术界,功罪参半。笃守家法,令所谓"汉学"者壁垒森固,旗帜鲜明,此其功也;胶固、盲从、褊狭、好排斥异己,以致启蒙时代之怀疑的精神、批评的态度,几夭阏焉,此其罪也。清代学术,论者多称为"汉学"。其实前此顾、黄、王、颜诸家所治,并非"汉学";后此戴、段、二王诸家所治,亦并非"汉学"。其"纯粹的汉学",则惠氏一派,洵足当之矣。夫不问"真不真",惟问"汉不汉",以此治学,安能通方? 况汉儒经说,派别正繁,其两说绝对不相容者甚多,欲盲从其一,则不得不驳斥其他。栋固以尊汉为标帜者也。其释"箕子明夷"之义,因欲扬孟喜说而抑施雠、梁丘贺说,乃云"谬种流传,肇^①于西汉"(《周易述》卷五)。致方东树掫之以反唇相稽(《汉学商兑》卷下)。然则所谓"凡汉皆好"之旗帜,亦终见其不贯彻而已。故苟无戴震,则清学能否卓然自树立,盖未可知也。

---

① 按沈彤少于惠栋九岁,但为何焯弟子,知名较惠栋为早,乾隆初曾召试博学宏词科。沈、惠二人为友。阮元《国史儒林传》,江藩《汉学师承记》,均未有沈彤师事惠栋的记录。此谓沈为惠栋弟子,盖误。

② 按江藩曾师事惠栋、江声,非专为余萧客弟子。

③ 按《潜研堂集·惠先生士奇传》述惠士奇能背诵《史记》、《汉书》、《三国志》，即习称之"三史"。此言"四史"，不确。

④ 按此段转引自江藩《汉学师承记》卷2惠周惕传附惠士奇传。引文经梁氏删节后，与原意有出入。原文乃惠士奇论《周礼》语，今录如次："〔《礼经》出于屋壁，多古字古音。经之义存乎训，识字审音，乃知其义，故古训不可改也。康成注经，皆从古读，盖字有音义相近而伪者，故读从之。后世不学，遂谓康成好改字，岂其然乎?〕康成三《礼》，何休《公羊》，多引汉法，以其去古未远，〔故借以为说。〕贾公彦于郑注〔如'苞茅、扶苏、薄、借纂'〕之类皆不能疏，〔所读之字，亦不能疏，辄曰从俗读，甚违'不知盖阙'之义。〕夫汉远于周，而唐又远于汉，宜其说之不能尽通也，况宋以后乎?〔周秦诸子，其文虽不尽雅驯，然皆可引为《礼经》之证，以其近古也。〕"（括弧内为梁氏删去文句。）

⑤ 按《九经古义》（咸丰补刊《皇清经解》本）"述首"，于"经师不可废也"下，即接"余家四世传经"云云。此段引文于二语中加删节号，未详所本。又，篇名"首述"，当作"述首"。

⑥ 荀谞，东汉经学家荀爽别名。惠栋《易说》提其名，正谓"荀爽"。

⑦ 飞伏，当作"飞候"。京房有《周易飞候》九卷，又一部六卷，见《隋书·经籍志》子部五行家类。清王谟《汉魏丛书钞》、严可均《京氏易》，均有辑本。

⑧ 六日七分，即京房"飞候"之术。京房又有《周易飞候六日七分》八卷，见《隋书·经籍志》子部五行家类。京房飞候术，乃"布六十四卦于一岁中，卦直六日七分迭更用事，以风雨寒温为候，各有占验"，参严可均校辑本序。梁氏于此以"飞候"与"六日七分"为二说，盖误。

⑨ 按汪中语，见江藩《汉学师承记》卷7汪中传，原作"国朝诸儒崛起，接二千余年沈沦之绪"。此乃约举大意。又，汪中所举乃"六儒"，以惠栋治《汉易》为"继往开来者"之一，非专指惠氏一家而言。

⑩ 按江藩《国朝经师经义目录》,乃分经论列,每经先述略史,再列目录。梁氏此段引文,将原本《易》、《书》两类略史合并节引,引文又有删略。现据江氏原著(《粤雅堂丛书》二编本),分列原文如下:(1)"〔国初老儒,亦有攻王弼之注,击陈抟之图者,如〕黄宗羲之《易学象数论》。虽辟陈抟、康节之学,而以纳甲动爻为伪象,又称王辅嗣注简当无浮义。黄宗炎之《〔周易象辞〕图书辨惑》,〔亦〕力辟宋人〔图书之说,可谓不遗余力矣〕,然不宗(原文"宗"上无"专"字)汉学,〔皆〕非笃信之士〔也〕"。见该书《易》类。(2)"〔国朝注《尚书》者十有余家,不知伪古文伪孔传者,概不著录如〕,胡朏明《洪范正论》,虽力攻图书之谬,而辟汉学五行灾异之说,是不知夏侯始昌之《洪范五行传》亦出于伏生也。〔朏明虽知伪古文,而不知《五行传》之不可辟,〕是以黜之。"见该书《书》类。又,《易》类目录,首列胡渭《易图明辨》,次列惠士奇《易》说;《书》类目录,首列阎若璩《古文尚书疏证》,次列胡渭《禹贡锥指》,再次列惠栋《古文尚书考》;则阎、胡最知名的三部著作均当首选。

⑪ 肇,《周易述》(咸丰补刊《皇清经解》本)原作"兆"。又,谬种,《周易述》原作"谬说",《汉学师承记》引作"谬种",此当据江书转引。

十一 〔戴震和他的科学精神〕

　　休宁戴震受学江永,其与惠栋亦在师友之间。震十岁就傅,受《大学章句》,至"右经一章"以下,问其塾师曰:"此何以知为孔子之言而曾子述之? 又何以知为曾子之意而门人记之?"师应之曰:"此先儒朱子所注云尔。"又问:"朱子何时人?"曰:"南宋。"又问:"孔子、曾子何时人?"曰:"东周。"又问:"周去宋几何时?"曰:"几二千年。"又问:"然则朱子何以知其然?"师无以应。(据王昶《述庵文钞·戴东原墓志铭》)[1]此一段故事,非惟可以说明戴氏学术之出发点,实可以代表清学派时代精神之全部。盖无论何人之言,决不肯漫然置信,必求其所以然之故;常从众人所不注意处觅得间隙,既得间,则层层逼拶,直到尽头处;苟终无足以起其信者,虽圣哲父师之言不信也。此种研究精神,实近世科学所赖以成立。而震以童年具此本能,其能为一代学派完成建设之业固宜。

震之言曰:

学者当不以人蔽己,不以己自蔽。不为一时之名,亦不期后世之名。有名之见,其蔽二:非掊击前人以自表暴,即依傍昔贤以附骥尾。……私智穿凿者,或非尽掊击以自表暴,积非成是而无从知,先入为主而惑以终身;或非尽依傍以附骥尾,无鄙陋之心,而失与之等。(《东原文集》答郑用牧书)②

"不以人蔽己,不以己自蔽"二语,实震一生最得力处。盖学问之难也,粗涉其途,未有不为人蔽者;及其稍深入,力求自脱于人蔽,而己旋自蔽矣。非廓然卓然,鉴空衡平,不失于彼,必失于此。震之破"人蔽"也,曰:

志存闻道,必空所依傍。汉儒训诂,有师承,有时亦傅会。

晋人傅会凿空益多。宋人则恃胸臆以为断，故其袭取者多谬，而不谬者反在其所弃。……宋以来儒者，以己之见硬坐为古圣贤立言之意，而语言文字实未之知。其于天下之事也，以己所谓理强断行之，而事情源委隐曲实未能得，是以大道失而行事乖。……自以为于心无愧，而天下受其咎，其谁之咎？不知者且以实践躬行之儒归焉。③（《东原集》与某书）

其破"己蔽"也，曰：

凡仆所以寻求于遗经，惧圣人之绪言暗汶于后世也。然寻求而有获十分之见者，有未至十分之见者。所谓十分之见，必征诸古④而靡不条贯，合诸道而不留余议，巨细毕究，本末兼察。若夫依于传闻以拟其是，择于众说以裁其优，出于空言以定其论，据以孤证以信其通，虽溯流可以知源，不目睹渊泉所导，循根可以达杪，不手披枝肄所歧，皆未至十分之见也。以此治经，失"不知为不知"之意，而徒增一惑以滋识者之辨之也。……既深思自得而近之矣，然后知孰为十分之见，孰为未至十分之见。如绳绳木,昔以为直者,其曲于是可见也;如水准地,昔以为平者,其坳于是可见也。夫然后传其信、不传其疑,疑则阙,庶几治经不害。(《东原集》与姚姬传书)

读第一段,则知目震所治者为"汉学",实未当也。震之所期,在"空诸依傍"。晋宋学风,固在所诋斥矣,即汉人亦仅称其有家法,而未尝教人以盲从。钱大昕谓其"实事求是,不主⑤一家"。(《潜研堂集》戴震传)余廷灿谓其"有一字不准六书,一字解不通贯群经,即无稽者不信,不信必反复参证而后即安。以故胸中所得,皆破出传注重围。"(余氏撰《戴东原先生事略》,见《国朝耆献类征》百三十一)此最能传写其思想解放之精神。读第二段,其所谓十分之见与未至十分之见者,即科学家定理与假说之分也。科学之目的,在求定理,然定理必经过假设之阶级而后成。初得一义,未敢信为真也,其真之程度,或仅一二分而已,然姑假定以为近真焉,而凭藉之以为研究之点,几经试验之结果,寖假而真之程度增至五六分,七八分,卒达于十分,于是认为定理而主张之。其不能至十分者,或仍存为假说以俟后人，或遂自废弃之也。凡科学家之态度，固当如是也。震之此论，实从甘苦阅历得来。所谓昔以为直而今见其曲，昔以为平而今见其坳，实科学研究法一定之历程，而其毅然割舍，"传信不传疑"，又学者社会最主要之道德矣。震又言曰：

学有三难⑥：淹博难，识断难，精审难。三者仆诚不足以⑦与于其间，其私自持及⑧为书之大概，端在乎是。前人之博闻强识，如郑渔仲、杨用修诸君子，著书满家，淹博有之，精审未也。

戴学所以异于惠学者，惠仅淹博，而戴则识断且精审也。章炳麟曰："戴学分析条理，夆密严瑮⑨，上溯古义，而断以己之律令。"（《检论·清儒篇》）可谓知言。

凌廷堪为震作事略状，而系以论曰："昔河间献王实事求是。夫实事在前，吾所谓是者，人不能强辞而非之也；吾所谓非，人不能强辞而是之也；如六书、九数及典章制度之学是也。

虚理在前，吾所谓是者，人既可别持一说以为非；吾所谓非者，人亦可别持一说以为是也；如义理之学是也。"（《校礼堂集》）此其言绝似实证哲学派之口吻，而戴震之精神见焉，清学派之精神见焉。惜乎此精神仅应用于考古，而未能应用于自然科学界，则时代为之也。

震常言："知十而皆非真，不若知一之为真知也。"（段玉裁《经韵楼集·娱亲雅言序》引）故其学虽淹博而不泛滥。其最专精者，曰小学，曰历算，曰水地。小学之书，有《声韵考》四卷，《声类表》十卷，《方言疏证》十三卷，《尔雅文字考》十卷。历算之书，有《原象》一卷，《历问》二卷，《古历考》二卷，《句股割圆记》三卷，《续天文略》三卷⑩，《策算》一卷。水地之书，有《水地记》一卷，《校水经注》四十卷，《直隶河渠书》六十四卷，其他著述不备举。《四库全书》天算类提要全出其手，他部亦多参与焉，而其晚年最得意之作，曰《孟子字义疏证》。

《孟子字义疏证》，盖轶出考证学范围以外，欲建设一"戴氏哲学"矣。震尝言曰：

圣人之道,使天下无不达之情,求遂其欲,而天下治。后儒不知情之至于纤微无憾是谓理,而其所谓理者,同于酷吏所谓法。酷吏以法杀人,后儒以理杀人。骎骎乎舍法而论理,死矣,更无可救矣!(《东原文集》卷八与某书)

又曰:

程朱以"理"为"如有物焉,得于天而具于心",启天下后世人人凭在己之意见而执之曰"理",以祸斯民。更淆以"无欲"之说,于得理益远,于执其意见益坚,而祸斯民益烈。岂理祸斯民哉? 不自知为意见也。(《戴氏遗书》九附录答彭进士书)

又曰:

宋以前,孔孟自孔孟,老释自老释。谈老释者,高妙其言,不依附孔孟。宋以来,孔孟之书,尽失其解,儒者杂袭老释之言以解之。……譬犹子孙未睹其祖父之貌者,误图他人之貌

为其貌而事之,所事固己之祖父也,貌则非矣。(同上)

震欲祛"以释混儒"、"舍欲言理"之两蔽,故既作《原善》三篇,复为《孟子字义疏证》,《疏证》之精语曰:

《记》曰:"饮食男女,人之大欲存焉。"圣人治天下,体民之情,遂民之欲,而王道备。人知老、庄、释氏异于圣人,闻其无欲之说,犹未之信也。于宋儒,则信以为同于圣人;理欲之分,人人能言之。故今之治人者,视古圣贤⑪体民之情、遂民之欲,多出于鄙细隐曲,不措诸意,不足为怪。及其责以理也,不难举旷世之高节著于义而罪之。尊者以理责卑,长者以理责幼,贵者以理责贱,虽失谓之顺;卑者幼者贱者以理争之⑫,虽得谓之逆。于是下之人不能以天下之同情、天下所同欲达之于上;上以理责其下,而在下之罪,人人不胜指数。人死于法,犹有怜之者;死于理,其谁怜之!

又曰:

孟子言"养心莫善于寡欲",明乎欲之⑬不可无也,寡之而已。人之生也,莫病乎⑭无以遂其生。欲遂其生,亦遂人之生,仁也;欲遂其生,至于戕人之生而不顾者⑮,不仁也。不仁实始于欲遂其生之心。使其无此欲,必无不仁矣。然使其无此⑯欲,则于天下之人生道穷蹙,亦将漠然视之。己⑰不必遂其生而遂人之生,无是情也。

又曰:

朱子屡言"人欲所蔽",凡"欲"无非以生以养之事,"欲"之失为"私"不为"蔽",自以为得理而所执之实谬乃"蔽"。人之大患,"私"与"蔽"而已,"私"生于欲之失,"蔽"生于"知"之失。⑱

又曰:

君子之治天下也,使人各得其情,各遂其欲,勿悖于道义。

君子之自治也,情与欲使一于道义。夫遏欲之害,甚于防川,绝情去智,充塞仁义。[19]

又曰:

古圣贤所谓仁义礼智,不求于所谓欲之外,不离乎血气心知。而后儒以为如有别物焉凑泊附著以为性,由杂乎老释,终昧于孔孟之言故也。[20]

又曰:

问:宋儒之言……也,求之六经中无其文,故借……之语以饰其说、以取信学者欤?曰:舍圣人立言之本指,而以己说为圣人所言,是诬圣。借其语以饰吾之说以求取信,是欺学者也。诬圣欺学者,程朱之贤不为。盖其学借阶于老释,是故失之。凡习于先入之言,往往受其蔽而不自觉。[21]

《疏证》一书，字字精粹，右所录者未尽其万一也。综其内容，不外欲以"情感哲学"代"理性哲学"，就此点论之，乃与欧洲文艺复兴时代之思潮之本质绝相类。盖当时人心，为基督教绝对禁欲主义所束缚，痛苦无艺，既反乎人理而又不敢违，乃相与作伪，而道德反扫地以尽。文艺复兴之运动，乃采久阒窒之"希腊的情感主义"以药之。一旦解放，文化转一新方向以进行，则蓬勃而莫能御。戴震盖确有见于此，其志愿确欲为中国文化转一新方向。其哲学之立脚点，真可称二千年一大翻案。其论尊卑顺逆一段，实以平等精神，作伦理学上一大革命。其斥宋儒之糅合儒佛，虽辞带含蓄，而意极严正，随处发挥科学家求真求是之精神，实三百年间最有价值之奇书也。震亦极以此自负，尝曰："仆生平著述之大，以《孟子字义疏证》为第一。"（《戴东原集》卷首，段玉裁序引）虽然，戴氏学派虽披靡一世，独此书影响极小。据江藩所记，谓当时读《疏证》者莫能通其义，惟洪榜好焉；榜为震行状，载《与彭尺木书》（按此书即与《孟子字义疏证》相发明者）。朱筠见之，谓："可不必载！戴氏可传者不在是。"[22]榜贻筠书力争不得。震子中立，卒将此书删去。(《汉学师承记》卷六)可见当时戴门诸子之对于此书,已持异同。唐鉴谓:"先生本训诂家,欲讳其不知义理,特著《孟子字义疏证》以诋程朱。"㉓(《国朝学案小识》)鉴非能知戴学者,其言诚不足轻重,然可以代表当时多数人之心理也。当时宗戴之人,于此书既鲜诵习发明,其反驳者亦仅一方东树(《汉学商兑》卷上),然搔不著痒处。此书盖百余年未生反响之书也,岂其反响当在今日以后耶? 然而论清学正统派之运动,遂不得不将此书除外。吾常言:"清代学派之运动,乃'研究法的运动',非'主义的运动'也。"此其收获所以不逮"欧洲文艺复兴运动"之丰大也欤?

---

① 《述庵文钞》,未见。按王昶为戴东原墓志铭,今见于《春融堂集》卷55。

② 引文文字与段玉裁编《戴东原集》(《四部备要》本)卷9《答郑丈用牧书》略异:引文"学者当不以人蔽己",段编作"其得于学,不以人蔽己";引文"以自表暴",段编均作"以自表襮"。

③ 引文文字与段编《戴东原集》卷9所刊略异:引文"汉儒训诂",段编作"汉儒故训";"恃胸臆以为断",段编无"以"字;"不谬者反在其所弃",段编无"反"字;"实践躬行之儒",段编作"躬行实践之儒"。

④ "寻求而有获",段编(卷9《与姚孝廉姬传书》)作"寻求而获有";"有未至十分之见者",段编无"者"字;"必征诸古",段编作"必征之古"。

⑤ 不主,《潜研堂集》卷39《戴先生震传》原作"不偏主"。

⑥ 此段引自戴震《与是仲明论学书》,见段编《戴东原集》卷9。引文"学有三难",原作"仆闻事于经学,盖有三难"。

⑦ 以,段编本无此字。

⑧ 及,段编本作"暨"。

⑨ 以上二语,《检论》(浙江图书馆刊《章氏丛书》本)原文作:"凡戴学数家,分析条理,皆乡密严瑮。"又,诸本均误"瑮"为"瘭",据《检论》校改。

⑩ 《续天文略》,段玉裁谓疑即《古历考》,为戴震续《通志·天文略》之作,后因三通馆未用,故改名《古历考》。又段玉裁著录此书为二卷。见《戴东原先生年谱》。

⑪ 圣贤,《疏证》(《微波榭丛书》本)卷上原作"贤圣"。

⑫ 之,诸本均脱,据《疏证》校补。

⑬ 此"之"字衍。

⑭ 病乎,《疏证》卷上原作"病于"。

⑮ 者,诸本均脱,据《疏证》校补。

⑯ 此,诸本均脱,据《疏证》校补。

⑰ 己,诸本均误作"已",据《疏证》校改。

⑱ 此段引文多删略。《疏证》卷上原文如次:"朱子〔亦〕屡言'人欲所蔽',〔皆以为无欲则无蔽,非《中庸》'虽愚必明'之道也。有生而愚者,虽无欲,亦愚也。〕凡〔出于〕欲,无非以生以养之事。欲之失,为私不为蔽;自以为得理,而所执之实谬,乃蔽〔而不明。天下古今之〕人,〔其〕大患,私与蔽〔二端〕而已。私生于欲之失,蔽生于知之失,〔欲生于血气,知生于心。〕"

⑲ 按此段引文不见于《孟子字义疏证》,而见于《汉学师承记》卷5戴震

传。所述大意,略见于《原善》卷中,现录以资参照:"禹之行水也,使水由地中行。君子之于欲也,使一于道义。治水者徒恃防遏,将塞于东而逆行于西,其甚也决防四出,泛滥不可救。自治治人,徒恃遏御其欲,亦然。能苟焉以求静,而欲之蔽抑窜绝,君子不取也。君子一于道义,使人勿悖于道义,如斯而已矣。"(《原善》卷中,微波榭丛书本)

⑳ 引文见《疏证》卷中"性",文字有删略:"古圣贤",原作"古贤圣";"如有别物焉",原作"别如有物";"老释",原作"老庄释氏之言";"孔孟之言",原作"六经孔孟之言"。

㉑ 引文见《疏证》卷中"天道",文字有删略:"不为",原作"不为也";"老释",原作"老庄释氏"。

㉒ 朱筠,原文误作朱珪,据《汉学师承记》卷 6 洪榜传校正。又,不在是,原传作"不在此"。

㉓ 引文有删改,原文如次:"先生故训〔之学也,而〕欲讳其不知义理,特著《孟子字义疏证》,〔乃至〕诋程朱〔为老为佛〕,……"(《国朝学案小识》,四部备要本)

十二 〔戴门后学〕

戴门后学,名家甚众,而最能光大其业者,莫如金坛段玉裁,高邮王念孙及念孙子引之,故世称戴、段、二王焉。玉裁所著书,最著者曰《说文解字注》、《六书音韵表》;念孙所著书,最著者曰《读书杂志》、《广雅疏证》;引之所著书,最著者曰《经义述闻》、《经传释词》。

戴、段、二王之学,其所以特异于惠派者:惠派之治经也,如不通欧语之人读欧书,视译人为神圣,汉儒则其译人也,故信凭之不敢有所出入;戴派不然,对于译人不轻信焉,必求原文之正确然后即安。惠派所得,则断章零句,援古正后而已。戴派每发明一义例,则通诸群书而皆得其读。是故惠派可名之曰汉学，戴派则确为清学而非汉学。

以爻辰纳甲说《易》，以五行灾异说《书》，以五际六情说《诗》，其他诸经义，无不杂引谶纬，此汉儒通习也。戴派之清学，则芟汰此等，不稍涉其藩，惟于训诂名物制度注全力焉。戴派之言训诂名物，虽常博引汉人之说，然并不墨守之。例如《读书杂志》《经义述闻》，全书皆纠正旧注旧疏之失误。所谓旧注者，则毛、郑、马、贾、服、杜①也；旧疏者，则陆、孔、贾②也。宋以后之说，则其所不屑是正矣。是故如高邮父子者，实毛、郑、贾、马、服、杜之诤臣，非其将顺之臣也。

夫岂惟不将顺古人，虽其父师，亦不苟同。段之尊戴，可谓至矣。试读其《说文注》，则"先生之言非也"，"先生之说非是"诸文，到处皆是。即王引之《经义述闻》，与其父念孙之说相出入者，且不少也。

彼等不惟于旧注旧疏之舛误丝毫不假借而已，而且敢于改经文。此与宋明儒者之好改古书，迹相类而实大殊。彼纯凭主观的臆断，而此则出于客观的钩稽参验也。段玉裁曰：

校书定是非最难③,是非有二:曰底本之是非,曰立说之是非。必先定④底本之是非,而后可断其立说之是非。……何谓底本?著书者之稿本是也。何谓立说?著书者所言之义理是也。……不先正底本⑤,则多诬古人;不断其立说之是非,则多误今人。(《经韵楼集》与诸同志论校书之难)

此论最能说明考证学在学术界之位置及价值。盖吾辈不治一学则已,既治一学,则第一步须先将此学之真相,了解明确,第二步乃批评其是非得失。譬如今日,欲批评欧人某家之学说,若仅凭拙劣伪谬之译本,相与辩争讨论,实则所驳斥者乃并非原著,如此岂不可怜可笑!研究中国古书,虽不至差违如此其甚,然以语法古今之不同,与写刻传袭之讹错,读之而不能通其文句者,则其多矣。对于未通文句之书,而批评其义理之是非,则批评必多枉用,此无可逃避也。清代之考证学家,即对于此第一步工夫而非常努力,且其所努力皆不虚,确能使我辈生其后者,得省却无限精力,而用之以从事于第二步。清代学之成绩,全在此点,而戴、段、二王之著述,则其代表也。阮元之序《经义述闻》也，曰：

    凡古儒所误解者，无不旁征曲喻，而得其本义之所在。使古圣贤见之，必解颐曰："吾言固如是！数千年误解之，今得明矣。"

    此其言洵非溢美，吾侪今日读王氏父子之书，只觉其条条皆犁然有当于吾心，前此之误解，乃一旦涣然冰释也。虽以方东树之力排"汉学"，犹云："高邮王氏《经义述闻》，实足令郑、朱俯首。汉唐以来，未有其比。"(《汉学商兑》卷中之下)亦可见公论之不可磨灭矣。

    然则诸公曷为能有此成绩耶？一言以蔽之曰：用科学的研究法而已。试细读王氏父子之著述，最能表现此等精神。吾尝研察其治学方法：第一曰注意。凡常人容易滑眼看过之处，彼善能注意观察，发现其应特别研究之点，所谓读书得间也。如自有天地以来，苹果落地不知凡几，惟奈端能注意及之；家家日日皆有沸水，惟瓦特能注意及之。《经义述闻》所厘正之各经文,吾辈自童时即诵习如流,惟王氏能注意及之。凡学问上能有发明者,其第一步工夫必恃此也。第二曰虚己。注意观察之后,既获有疑窦,最易以一时主观的感想,轻下判断,如此则所得之"间",行将失去。考证家决不然,先空明其心,绝不许有一毫先入之见存,惟取客观的资料,为极忠实的研究。第三曰立说,研究非散漫无纪也,先立一假定之说以为标准焉。第四曰搜证,既立一说,绝不遽信为定论,乃广集证据,务求按诸同类之事实而皆合,如动植物学家之日日搜集标本,如物理化学家之日日化验也。第五曰断案。第六曰推论。经数番归纳研究之后,则可以得正确之断案矣。既得断案,则可以推论于同类之事项而无阂也。王引之《经传释词》自序云:

始取《尚书》二十八篇绅绎之,见其词之发句助句者,昔人以实义释之,往往诘籀为病,窃尝私为之说而未敢定也。及闻大人(指其父念孙)论《毛诗》"终风且暴"……诸条,发明意旨,涣若冰释。……乃遂引而伸之,尽其义类。自九经、三传及周秦西汉之书,凡助语之文,遍为搜讨,分字编次,为《经传释词》十卷。

又云:

摽之本文而协,验之他卷而通,虽旧说所无,可以心知其意。……凡其散见于经传者,皆可比例而知,触类长之。

此自言其治学次第及应用之法颇详明,虽仅叙一书著述始末,然他书可以类推,他家之书亦可以类推矣。此清学所以异于前代,而永足为我辈程式者也。

---

① 毛,《诗》古文经传编者,西汉人。郑,郑兴、郑众、郑玄;马,马融;贾,贾逵;服,服虔;均东汉经学家,古文经传诠释者。服虔以继贾逵注《左传》知名。郑玄继先郑、贾、马古文经说,参以西汉今文继说,遍注群经,号称"通学"。杜,杜预,西晋经学家,传世的《春秋左氏传》的诠释者。

② 陆,陆德明,在隋代作《经典释文》。孔,孔颖达;贾,贾公彦;均唐初《五

经正义》的主要疏解者。

③ 此语原作"校书之难,非照本改字不讹不漏之难也,定其是非之难"。

（经韵楼丛书本）

④ 定,原文下有"其"字。

⑤ 此语原作"不先正注疏释文之底本"。

十三 〔"朴学"〕

正统派之学风,其特色可指者略如下:

一、凡立一义,必凭证据;无证据而以臆度者,在所必摈。

二、选择证据,以古为尚。以汉唐证据难宋明,不以宋明证据难汉唐;据汉魏可以难唐,据汉可以难魏晋,据先秦西汉可以难东汉。以经证经,可以难一切传记。

三、孤证不为定说。其无反证者姑存之,得有续证则渐信之,遇有力之反证则弃之。

四、隐匿证据或曲解证据,皆认为不德。

五、最喜罗列事项之同类者,为比较的研究,而求得其公则。

六、凡采用旧说,必明引之,剿说认为大不德。

七、所见不合，则相辩诘，虽弟子驳难本师，亦所不避，受之者从不以为忤。

八、辩诘以本问题为范围，词旨务笃实温厚。虽不肯枉自己意见，同时仍尊重别人意见。有盛气凌轹，或支离牵涉，或影射讥笑者，认为不德。

九、喜专治一业，为"窄而深"的研究。

十、文体贵朴实简絜，最忌"言有枝叶"。

当时学者，以此种学风相矜尚，自命曰"朴学"。其学问之中坚，则经学也。经学之附庸则小学，以次及于史学、天算学、地理学、音韵学、律吕学、金石学、校勘学、目录学等等，一皆以此种研究精神治之。质言之，则举凡自汉以来书册上之学问，皆加以一番磨琢，施以一种组织。

其直接之效果：一，吾辈向觉难读难解之古书，自此可以读可以解。二，许多伪书及书中窜乱芜秽者，吾辈可以知所别择，不复虚縻精力。三，有久坠之绝学，或前人向不注意之学，自此皆卓然成一专门学科；使吾辈学问之内容，日益丰富。

其间接之效果：一，读诸大师之传记及著述，见其"为学问而学问",治一业终身以之,铢积寸累,先难后获,无形中受一种人格的观感,使吾辈奋兴向学。二,用此种研究法以治学,能使吾辈心细,读书得间;能使吾辈忠实,不欺饰;能使吾辈独立,不雷同;能使得吾辈虚受,不敢执一自是。

正统派所治之学,为有用耶? 为无用耶? 此甚难言。试持以与现代世界诸学科比较,则其大部分属于无用,此无可讳言也。虽然,有用无用云者,不过相对的名词。老子曰:"三十辐共一毂,当其无,有车之用。"此言乎以无用为用也。循斯义也,则凡真学者之态度,皆当为学问而治学问。夫用之云者,以所用为目的,学问则为达此目的之一手段也。为学问而治学问者,学问即目的,故更无有用无用之可言。庄子称"不龟手之药,或以霸,或不免于洴澼絖",此言乎为用不为用,存乎其人也。循斯义也,则同是一学,在某时某地某人治之为极无用者,易时易地易人治之,可变为极有用,是故难言也。其实就纯粹的学者之见地论之,只当问成为学不成为学,不必问有用与无用,非如此则学问不能独立,不能发达。夫清学派固能成为学者也,其在我国文化史上有价值者以此。

十四 〔经史考证〕

　　清学自当以经学为中坚。其最有功于经学者,则诸经殆皆有新疏也。其在《易》,则有惠栋之《周易述》,张惠言之《周易虞氏义》,姚配中之《周易姚氏学》。其在《书》,则有江声之《尚书集注音疏》,孙星衍之《尚书今古文注疏》,段玉裁之《古文尚书撰异》,王鸣盛之《尚书后案》。其在《诗》,则有陈奂之《诗毛氏传疏》,马瑞辰之《毛诗传笺通释》,胡承珙之《毛诗后笺》。其在《周官》,有孙诒让之《周礼正义》。其在《仪礼》,有胡承珙之《仪礼今古文疏义》①,胡培翚之《仪礼正义》。其在《左传》,有刘文淇之《春秋左氏传正义》②。其在《公羊传》,有孔广森之《公羊通义》③,陈立之《公羊义疏》。其在《论语》,有刘宝楠之《论语正义》。其在《孝经》,有皮锡瑞之《孝经郑注疏》。其在《尔雅》,有邵晋涵之《尔雅正义》,郝懿行之《尔雅义疏》。其在《孟子》,有焦循之《孟子正义》。

以上诸书,惟马、胡之于《诗》,非全释经传文,不能直谓之新疏。《易》诸家穿凿汉儒说,非训诂家言。清儒最善言《易》者,惟一焦循。其所著《易通释》、《易图略》、《易章句》,皆絜净精微,但非新疏体例耳。《书》则段、王二家稍粗滥。《公羊》则孔著不通家法。自余则皆博通精粹,前无古人。尤有吾乡简朝亮,著《尚书集注述疏》、《论语集注补正述疏》,志在沟通汉宋,非正统派家法,然精核处极多。十三经除《礼记》、《谷梁》外,余皆有新疏一种或数种,而《大戴礼记》则有孔广森《补注》、王聘珍《解诂》焉。此诸新疏者,类皆撷取一代经说之菁华,加以别择结撰,殆可谓集大成。其余为部分的研究之书,最著者则惠士奇之《礼说》,胡渭之《禹贡锥指》,惠栋之《易汉学》、《古文尚书考》、《明堂大道录》,焦循之《周易郑氏义》、《荀氏九家义》、《易义别录》④,陈寿祺之《三家诗遗说考》,江永之《周礼疑义举要》,戴震之《考工记图》,段玉裁之《周礼仪礼汉读考》,张惠言之《仪礼图》,凌廷堪之《礼经释例》,金榜之《礼笺》,孔广森之《礼学卮言》,武亿之《三礼义证》,金鹗之《求古录礼说》,黄以周之《礼书通故》,王引之之《春秋名字解诂》,侯康之《谷梁礼证》,江永之《乡党图考》,王引之之《经义述闻》,陈寿祺之《左海经辨》,程瑶田之《通艺录》,焦循之《群经宫室图》等,其精粹者不下数百种。

　　清儒以小学为治经之途径,嗜之甚笃,附庸遂蔚为大国。其在《说文》,则有段玉裁之《说文注》[⑤],桂馥之《说文义证》,王筠之《说文释例》、《说文句读》[⑥],朱骏声之《说文通训定声》。其在《说文》以外之古字书,则有戴震之《方言疏证》,江声之《释名疏证》,宋翔凤之《小尔雅训纂》,胡承珙之《小尔雅义证》,王念孙之《广雅疏证》,此与《尔雅》之邵、郝二疏略同体例。得此而六朝以前之字书,差无疑滞矣。而以极严正之训诂家法贯穴群书而会其通者,则王念孙之《经传释词》[⑦],俞樾之《古书疑义举例》最精凿。近世则章炳麟之《小学答问》,益多新理解。而马建忠学之以著《文通》[⑧],严复学之以著《英文汉诂》,为"文典学"之椎轮焉。而梁启超著《国文语原解》,又往往以证社会学。

音韵学又小学之附庸也,而清代特盛。自顾炎武始著《音论》、《古音表》、《唐韵正》,而江永有《音学辨微》、《古韵标准》,戴震有《声韵考》、《声类表》,段玉裁有《六书音韵表》,姚文田有《说文声系》,苗夔有《说文声读表》,严可均有《说文声类》,陈澧有《切韵考》,而章炳麟《国故论衡》中论音韵诸篇,皆精绝。此学也,其动机本起于考证古音,而愈推愈密,遂能穷极人类发音官能之构造,推出声音变化之公例。刘献廷著《新韵谱》,创字母,其书不传。近世治此学者,积多数人之讨论折衷,遂有注音字母之颁定。

典章制度一科,在清代亦为绝学。其动机起于治三《礼》,后遂泛滥益广。惠栋著《明堂大道录》,对于古制度专考一事、渺成专书者始此。徐乾学编《读礼通考》,秦蕙田编《五礼通考》,多出一时名人之手。其后则胡匡衷有《仪礼释官》,戴震有《考工记图》,沈彤有《周官禄田考》,王鸣盛有《周礼军赋说》,洪颐煊有《礼经宫室答问》,任大椿有《弁服释例》、《深衣释例》,皆专注《礼》,而焦循有《群经宫室图》,程瑶田有《通艺录》,贯通诸经焉。晚清则有黄以周之《礼书通故》[9],最博赡精审,盖清代礼学之后劲矣。而乐律一门,亦几蔚为大国。毛奇龄始著《竟山乐录》,次则江永著《律吕新论》、《律吕阐微》,江藩著《乐县考》,凌廷堪著《燕乐考原》,而陈澧之《声律通考》,晚出最精善。此皆足为将来著中国音乐史最好之资料也。焦循著《剧说》,专考今乐沿革,尤为切近有用矣。

清初诸师皆治史学,欲以为经世之用。王夫之长于史论,其《读通鉴论》、《宋论》皆有特识。而后之史学家不循斯轨。黄宗羲、万斯同以一代文献自任,实为史学嫡派。康熙间,清廷方开《明史》馆,欲藉以网罗遗逸;诸师既抱所学,且藉以寄故国之思,虽多不受职,而皆间接参与其事,相与讨论体例,别择事实。故唐以后官修诸史,独《明史》称完善焉。乾隆以后,传此派者,全祖望最著。

顾炎武治史,于典章制度风俗,多论列得失,然亦好为考证。乾嘉以还,考证学统一学界,其洪波自不得不及于史,则有赵翼之《廿二史札记》,王鸣盛之《十七史商榷》,钱大昕之《二十二史考异》,洪颐煊之《诸史考异》,皆汲其流。四书体例略同,其职志皆在考证史迹,订讹正谬。惟赵书于每代之后,常有多条胪列史中故实,用归纳法比较研究,以观盛衰治乱之原,此其特长也。其专考证一史者,则有惠栋之《后汉书补注》,梁玉绳之《史记志疑》《汉书人表考》⑩,钱大昕之《汉书辨疑》《后汉书辨疑》《续汉书辨疑》⑪,梁章钜之《三国志旁证》,周寿昌之《汉书注校补》《后汉书注补正》,杭世骏之《三国志补注》,其尤著也。

自万斯同力言表志之重要,自著《历代史表》,此后表志专书,可观者多。顾栋高有《春秋大事表》,钱大昭有《后汉书补表》,周嘉猷⑫有《南北史表》⑬、《三国纪年表》、《五代纪年表》,洪饴孙有《三国职官表》,钱大昕有《元史氏族表》,齐召南有《历代帝王年表》。林春溥著《竹柏山房十五种》,皆考证古史,其中《战国纪年》、孔孟年表⑭诸篇最精审,而官书亦有《历代职官表》。洪亮吉有《三国疆域志》⑮、《东晋疆域志》、《十六国疆域志》,洪齮孙有《补梁疆域志》,钱仪吉有《补晋兵志》,侯康有《补三国艺文志》,倪灿有《宋史艺文志补》⑯、《补辽金元三史艺文志》⑰,顾櫰三⑱有《补五代史艺文志》,钱大昕有《补元史艺文志》,郝懿行有《补宋书刑法志食货志》,皆称善本焉。

而对于古代别史杂史,亦多考证笺注,则有陈逢衡之《逸周书补注》,朱右曾之《周书集训校释》,丁宗洛之《逸周书管笺》,洪亮吉之《国语注疏》,顾广圻之《国语札记》、《战国策札记》[19],程恩泽之《国策地名考》,郝懿行之《山海经笺疏》,陈逢衡之《竹书纪年集证》。

降及晚清,研究元史,忽成为一时风尚,则有何秋涛之《元圣武亲征录校正》[20],李文田之《元秘史注》[21]。

凡此皆以经学考证之法,移以治史,只能谓之考证学,殆不可谓之史学。其专研究史法者,独有章学诚之《文史通义》,其价值可比刘知幾《史通》。

自唐以后,罕能以私人独力著史,惟万斯同之《明史稿》,最称巨制。而魏源亦独力改著《元史》[22]。柯劭忞之《新元史》,则近出之巨制也。源又有《圣武记》,记清一代大事,有条贯。而毕沅《续资治通鉴》亦称善本。

黄宗羲始著《明儒学案》,为学史之祖。其《宋元学案》,则其子百家与全祖望先后续成之。皆清代史学之光也。

史之缩本，则地志也。清之盛时，各省府州县皆以修志相尚，其志多出硕学之手。其在省志，《浙江通志》、《广东通志》、《云南通志》之总纂，则阮元也；《广西通志》，则谢启昆也；《湖北通志》，则章学诚原稿也。其在府县志，则《汾州府志》出戴震，《泾县志》、《淳化县志》出洪亮吉，《三水县志》出孙星衍，《朝邑县志》出钱坫，《偃师志》、《安阳志》出武亿，《富顺县志》出段玉裁，《和州志》、《亳州志》、《永清县志》、《天门县志》出章学诚，《凤台县志》出李兆洛，《长沙志》出董祐诚㉓，《遵义府志》出郑珍、莫友芝。凡作者皆一时之选，其书有别裁有断制，其讨论体例见于各家文集者甚周备。欲知清代史学家之特色，当于此求之。

---

① 书名当作《仪礼古今文疏义》。

② 书名当作《春秋左氏传旧注疏证》。刘文淇未撰毕，其子毓崧、孙寿曾相继续编，但也只至襄公五年而止。

③ 书名当作《春秋公羊传通义》。

④ 按三书均非焦循著作。《周易郑氏义》二卷，《周易荀氏九家义》一卷，均为张惠言撰，均收入《皇清经解》。《易义别录》十四卷，乃汉人《易》

说的辑录,也是张惠言所辑,并收入《皇清经解》。焦循论《易》作品,除前列《雕菰楼易学三书》以外,尚有《周易补疏》二卷,《易话》二卷、《易广记》三卷、均编入《焦氏丛书》;又有《易余籥录》二十卷,收入《木犀轩丛书》。

⑤ 书名当作《说文解字注》。

⑥ 书名当作《说文解字句读》,又有《句读补正》。

⑦ 作者乃王引之。此作王念孙,盖偶误。

⑧ 书名当作《马氏文通》。实为马良(字相伯)、马建忠兄弟合著,出版时马良让名于幼弟。

⑨ "书",《饮冰室合集》本或误作"经",以《礼书通故》为是。

⑩ 书名当作《汉书古今人表考》。

⑪ 按《汉书辨疑》二十二卷,《后汉书辨疑》十一卷,《续汉书辨疑》九卷,均为钱大昭撰。此谓钱大昕之作,盖偶误。

⑫ 周嘉猷,诸本均误"猷"为"献",今改正。

⑬ 书名当作《补南北史表》。

⑭ 有《孔门师弟年表》,附《孟子时事年表》,各一卷,又各有《后说》一卷。

⑮ 书名当作《补三国疆域志》。

⑯《宋史艺文志补》,署黄虞稷、倪灿撰、卢文弨录。

⑰ 书名内"三史"二字衍。又,此书署倪灿撰、卢文弨录。

⑱ 顾櫰三,诸本均误作"顾懷三",今改正。

⑲ 二书名内"札记",诸本均误作"扎记",今改正。

⑳ 书名当作《校正元亲征录》。

㉑ 书名原作《元朝秘史》,署李文田注。

㉒ 魏氏所撰名《元史新编》。

㉓ 董祐诚,诸本均误作"章祐诚",今改正。

十五 〔水地与天算〕

顾炎武、刘献廷皆酷嗜地理学,所著书皆未成,而顾祖禹之《读史方舆纪要》、言形势阨塞略尽,后人莫能尚,于是中清之地理学,亦偏于考古一途。

自戴震著《水地记》、《校水经注》,而《水经》为一时研究之中心。孔广森有《水经释地》[①],全祖望有《新校水经注》[②],赵一清有《水经注释》,张匡学有《水经注释地》,而近人杨守敬为《水经注疏》,尤集斯学大成(未刻,刻者仅《注疏要删》)。

而齐召南著《水道提纲》,则循水道治今地理也。洪颐煊有《汉志水道疏证》,陈澧有《汉书地理志水道图说》,亦以水道治汉地理。

阎若璩著《四书释地》,徐善著《春秋地名考略》③,江永著《春秋地名考实》④,焦循著《毛诗地理释》,程恩泽著《国策地名考》,皆考证先秦地理。

其考证各史地理者,则吴卓信《汉书地理志补注》,杨守敬《隋书地理志考证》最精博。

其通考历代者,有陈芳绩之《历代地理沿革表》,李兆洛之《历代地理志韵编今释》,皆便检阅。而杨守敬之《历代疆域志》、《历代地理沿革图》⑤,极综核,惜制图术未精,难言正确矣。

自乾隆后边徼多事,嘉道间学者渐留意西北边新疆、青海、西藏、蒙古诸地理,而徐松、张穆、何秋涛最名家,松有《西域水道记》、《汉书西域传补注》、《新疆识略》,穆有《蒙古游牧记》,秋涛有《朔方备乘》,渐引起研究元史的兴味,至晚清尤盛。

外国地理,自徐继畬著《瀛寰⑥志略》,魏源著《海国图志》,开始端绪,而其后竟不光大。近人丁谦于各史外夷传及《穆天子传》、《佛国记》、《大唐西域记》诸古籍,皆博加考证,成书二十余种,(无总名⑦,最近浙江图书馆校刻)颇精赡。要之清代地理学偏于考古,故活学变为死学,惟据全祖望著刘献廷传,知献廷有意治"人文地理",惜其业不竟,而后亦无继也。

自明徐光启以后,士大夫渐好治天文算学。清初则王锡阐、梅文鼎最专精,而大师黄宗羲、江永辈皆提倡之。清圣祖尤笃嗜,召西士南怀仁等供奉内廷。风声所被,向慕尤众。圣祖著有《数理精蕴》、《历象考成》。锡阐有《晓庵新法》。文鼎有《勿庵历算全书》二十九种⑧。江永有《慎修数学》九种⑨。戴震校《周髀》以后迄六朝唐人算书十种,命曰《算经》。自尔而后,经学家十九兼治天算。尤专门者,李锐、董祐诚、焦循、罗士琳、张作楠、刘衡、徐有壬、邹伯奇、丁取忠、李善兰、华蘅芳。锐有《李氏遗书》,祐诚有《董方立遗书》,循有《里堂学算记》,作楠有《翠微山房数学》⑩,衡有《六九轩算书》,有壬有《务民义斋算书》,伯奇有《邹征君遗书》,取忠有《白芙堂算学丛书》⑪,善兰有《则古昔斋算学》。而曾国藩设江南制造局于上海,颇译泰西科学书,其算学名著多出善兰、蘅芳手⑫,自是所谓"西学"者渐兴矣。阮元著《畴人传》,罗士琳续补之,清代斯学变迁略具焉。

　　兹学中国发源甚古,而光大之实在清代,学者精研虚受,

各有创获,其于西来法,食而能化,足觇民族器量焉。

---

① 《水经释地》八卷,孔继涵撰。此谓孔广森(孔继涵从子)作,盖误。

② 书名当作《水经注校正》。

③ 书名当作《春秋地名考》。清代有《春秋地名考略》一书,乃高士奇撰。

④ 书名当作《春秋地理考实》。

⑤ 杨守敬所撰名《历代舆地图》,首列《历代舆地沿革险要图》,次据各史
地理志详示历代疆域山川形势。此处举作二书,名称亦不确。

⑥ 寰,诸本均作"环",今改正。

⑦ 丁谦所著,总名《蓬莱轩舆地丛书》,凡诸史少数民族或外域传列入"前
编",余均列入"续编"。二编即《浙江图书馆丛书》一、二集。

⑧ 此书乃康熙间魏荔彤兼济堂所刻。后梅氏孙瑴成重加编次,更名《梅
氏丛书辑要》,凡六十二卷。

⑨ 江永所撰历算诸书,初名《翼梅》,后戴震重新订正,更名《数学》,凡八
种,分八卷;又有《续数学》一卷。但另有《推步法解》五卷,未列入《数
学》正续编。故江永所著,至少有十种。

⑩ 书名当作《翠微山房算学丛书》。

⑪ 书名内或无"算学"二字。

⑫ 按江南制造局"译泰西科学书",均为在沪欧美传教士与华人学者合
译,如补译《几何原本》为足本,即出英人伟烈亚力与李善兰合译。此
说不确。

十六 〔金石学、校勘学和辑佚学〕

金石学之在清代又彪然成一科学也。自顾炎武著《金石文字记》，实为斯学滥觞。继此有钱大昕之《潜研堂金石文字跋尾》，武亿之《金石三跋》，洪颐煊之《平津馆读碑记》，严可均之《铁桥金石跋》，陈介祺之《金石文字释》，皆考证精彻，而王昶之《金石萃编》，荟录众说，颇似类书。其专举目录者，则孙星衍、邢澍之《寰宇访碑录》。其后碑版出土日多，故《萃编》、《访碑录》等再三续补而不能尽。

顾、钱一派专务以金石为考证经史之资料，同时有黄宗羲一派，从此中研究文史义例。宗羲著《金石要例》，其后梁玉绳、王芑孙、郭麐、刘宝楠、李富孙、冯登府等皆庚续有作[①]。

别有翁方纲、黄易一派，专讲鉴别②，则其考证非以助经史矣。包世臣一派专讲书势③，则美术的研究也。而叶昌炽著《语石》，颇集诸派之长，此皆石学也。

其"金文学"则考证商周铜器。初，此等古物，惟集于内府，则有《西清古鉴》《宁寿鉴古》等官书，然其文字皆摹写，取姿媚，失原形，又无释文，有亦臆舛。自阮元、吴荣光以封疆大吏，嗜古而力足以副之，于是收藏寖富，遂有著录。阮有《积古斋钟鼎彝器款识》，吴有《筠清馆金石文字》，研究金文之端开矣。道咸以后日益盛，名家者有刘喜海、吴式芬、陈介祺、王懿荣、潘祖荫、吴大澂、罗振玉。式芬有《攈古录金文》，祖荫有《攀古楼彝器款识》，大澂有《愙斋集古录》，皆称精博。其所以考证，多一时师友互相赏析所得，非必著者一人私言也。

自金文学兴，而小学起一革命。前此尊《说文》若六经，衬孔子以许慎。至是援古文籀文以难许者纷作。若庄述祖之《说文古籀疏证》，孙诒让之《古籀拾遗》④，其著也。

诸器文字既可读，其事迹出古经以外者甚多，因此增无数史料,而其花文雕镂之研究,亦为美术史上可宝之资,惜今尚未有从事者耳。

最近复有龟甲文之学。龟甲文者,光绪己亥在河南汤阴县出土,殆数万片,而文字不可识,共不审为何时物。后罗振玉考定为殷文,著《贞卜文字》⑤、《殷虚书契考释》、《殷虚书契待问篇》。而孙诒让著《名原》⑥,亦多根据甲文。近更有人言其物质非龟甲乃竹简云。惜文至简,足供史材者希,然文字变迁异同之迹可稽焉。

清儒之有功于史学者,更一端焉,则校勘也。古书传习愈希者,其传钞踵刻,讹谬愈甚,驯至不可读,而其书以废。清儒则博征善本以校雠之,校勘遂成一专门学。其成绩可纪者,若汪中、毕沅之校《大戴礼记》,周廷寀、赵怀玉之校《韩诗外传》,卢文弨之校《逸周书》,汪中、毕沅、孙诒让之校《墨子》,谢墉之校《荀子》,孙星衍之校《孙子》、《吴子》,汪继培、任大椿、秦恩复之校《列子》,顾广圻之校《国语》、《战国策》、《韩非子》,毕沅、梁玉绳之校《吕氏春秋》,严可均之校《慎子》、《商君书》,毕沅之校《山海经》,洪颐煊⑦之校《竹书纪年》、《穆天子传》,

丁谦之校《穆天子传》,戴震、卢文弨之校《春秋繁露》⑧,汪中之校《贾谊新书》,戴震之校《算经十书》,戴震、全祖望之校《水经注》,顾广圻之校《华阳国志》。诸所校者,或遵善本,或据他书所征引,或以本文上下互证,或是正其文字,或厘定其句读,或疏证其义训,往往有前此不可索解之语句,一旦昭若发蒙。

其功尤钜者,则所校多属先秦诸子,因此引起研究诸子学之兴味。盖自汉武罢黜百家以后,直至清之中叶,诸子学可谓全废。若荀若墨,以得罪孟子之故,几莫敢齿及。及考证学兴,引据惟古是尚,学者始思及六经以外,尚有如许可珍之籍。故王念孙《读书杂志》,已推勘及于诸子。其后俞樾亦著《诸子平议》,与《群经平议》并列。而汪、戴、卢、孙、毕诸贤,乃遍取古籍而校之。

夫校其文必寻其义,寻其义则新理解出矣。故汪中之《荀卿子通论》、《墨子序》、《墨子后序》(并见《述学》),孙星衍之《墨子序》(平津馆丛书本《墨子》),我辈今日读之,诚觉甚平易,然在当日,固发人所未发,且言人所不敢言也。后此洪颐煊著《管子义证》,孙诒让著《墨子间诂》,王先慎著《韩非子集释》[⑨],则跻诸经而为之注矣。及今而稍明达之学者,皆以子与经并重。思想蜕变之枢机,有拨于彼而辟于此者,此类是已。

吾辈尤有一事当感谢清儒者,曰辑佚。

书籍经久必渐散亡,取各史艺文、经籍等志校其存佚易见也。肤芜之作,存亡固无足轻重;名著失坠,则国民之遗产损焉。

乾隆中修《四库全书》,其书之采自《永乐大典》者以百计,实开辑佚之先声。此后兹业日昌,自周秦诸子,汉人经注,魏晋六朝逸史逸集,苟有片语留存,无不搜罗最录。其取材则唐宋间数种大类书,如《艺文类聚》、《初学记》、《太平御览》等最多,而诸经注疏及他书,凡可搜者无不遍。当时学者从事此业者甚多,不备举。而马国翰之《玉函山房辑佚书》,分经史子三部,集所辑至数百种,他可推矣。遂使《汉志》诸书、《隋唐志》久称已佚者,今乃累累现于吾辈之藏书目录中,虽复片鳞碎羽,而受赐则既多矣。

① 梁玉绳《志铭广例》二卷,王芑孙《碑版文广例》十卷,郭麐《金石例补》二卷,刘宝楠《汉石例》六卷,李富孙《金石学录》四卷,冯登府《金石综例》四卷。

② 翁方纲《两汉金石记》廿二卷,黄易《访碑图题记》一卷等。

③ 包世臣《艺舟双楫》六卷,附录三卷,《安吴论书》一卷。

④ 商务版原文作《古籀疏证》,《饮冰室合集》本据孙氏原书名改正。

⑤ 书名当作《殷商贞卜文字考》。

⑥ 名原,诸本均倒植为"原名",今正。

⑦ 烘颐煊,诸本均误作"洪颐孙",今改正。洪颐煊所校沈约注《竹书纪年》、郭璞注《穆天子传》,均收入《平津馆丛书》。

⑧ 按戴震校《春秋繁露》,未见著录。孔广森《戴氏遗书序》、段玉裁《戴东原先生年谱》,均详列戴震著校书目,也未提及此事。梁氏此说,未详所据。

⑨ 王先慎有《韩非子集解》二十卷,前有王先谦序。《饮冰室合集》本或作"王先谦著",误。此处书名作"集释",亦误。

十七 〔清代的"学者社会"〕

　　呜呼! 自吾之生,而乾嘉学者已零落略尽,然十三岁肄业于广州之学海堂,堂则前总督阮元所创,以朴学教于吾乡者也。其规模矩矱,一循百年之旧。十六七岁游京师,亦获交当时耆宿数人,守先辈遗风不替者。中间涉览诸大师著述,参以所闻见,盖当时"学者社会"之状况,可仿佛一二焉。

　　大抵当时好学之士,每人必置一"札记册子",每读书有心得则记焉。盖清学祖顾炎武,而炎武精神传于后者在其《日知录》。其自述曰:"所著《日知录》三十余卷[①],平生之志与业皆在其中。"(《亭林文集·与友人论门人书》)又曰:"承问《日知录》又成几卷[②],而某自别来一载,早夜诵读,反复寻觅,仅得十余条，……"(同《与人书》十)其成之难而视之重也如此。推原札记之性质，本非著书，不过储著书之资料，然清儒最戒轻率著书，非得有极满意之资料，不肯泐为定本，故往往有终其身在预备资料中者。又当时第一流学者所著书，恒不欲有一字余于己所心得之外。著专书或专篇，其范围必较广泛，则不免于所心得外撽拾冗词以相凑附。此非诸师所乐，故宁以札记体存之而已。

夫吾固屡言之矣，清儒之治学，纯用归纳法，纯用科学精神。此法此精神，果用何种程序始能表现耶？第一步，必先留心观察事物，觑出某点某点有应特别注意之价值；第二步，既注意于一事项，则凡与此事项同类者或相关系者，皆罗列比较以研究之；第三步，比较研究的结果，立出自己一种意见；第四步，根据此意见，更从正面旁面反面博求证据，证据备则泐为定说，遇有力之反证则弃之。凡今世一切科学之成立，皆循此步骤，而清考证家之每立一说，亦必循此步骤也。

既已如此，则试思每一步骤进行中，所需资料几何，精力几何，非用极绵密之札记安能致者？训诂学之模范的名著，共推王引之《经传释词》,俞樾《古书疑义举例》。苟一察其内容,即可知其实先有数千条之札记,后乃组织而成书。又不惟专书为然耳,即在札记本身中,其精到者,亦必先之以初稿之札记,——例如钱大昕发明古书③轻唇音,试读《十驾斋养新录》本条,即知其必先有百数十条之初稿札记,乃能产出。——故顾氏谓一年仅能得十余条,非虚言也。

由此观之,则札记实为治此学者所最必要,而欲知清儒治学次第及其得力处,固当于此求之。

札记之书则夥矣,其最可观者,《日知录》外,则有阎若璩之《潜邱札记》,钱大昕之《十驾斋养新录》,臧琳之《经义杂记》,卢文弨之《钟山札记》、《龙城札记》,孙志祖之《读书脞录》,王鸣盛之《蛾术编》④,汪中之《知新记》⑤,洪亮吉之《晓读书斋四录》⑥,赵翼之《陔余丛考》,王念孙之《读书杂志》,王引之之《经义述闻》,何焯之《义门读书记》,臧庸之《拜经日记》,梁玉绳之《瞥记》,俞正燮之《癸巳类稿》、《癸巳存稿》,宋翔凤之《过庭录》,陈澧之《东塾读书记》等。其他不可殚举。各家札记,精粗之程度不同,即同一书中,每条价值亦有差别。有纯属原料性质者(对于一事项初下注意的观察者),有渐成为粗制品者(胪列比较而附以自己意见者),有已成精制品者(意见经反复引证后认为定说者),而原料与粗制品,皆足为后人精制所取资,此其所以可贵也。

要之当时学者喜用札记,实一种困知勉行工夫,其所以能绵密深入而有创获者,颇恃此,而今亡矣。

清儒既不喜效宋明人聚徒讲学,又非如今之欧美有种种学会学校为聚集讲习之所,则其交换知识之机会,自不免缺乏。其赖以补之者,则函札也。后辈之谒先辈,率以问学书为贽。——有著述者则媵以著述。——先辈视其可教者,必报书,释其疑滞而奖进之。平辈亦然。每得一义,辄驰书其共学之友相商榷,答者未尝不尽其词。凡著一书成,必经挚友数辈严勘得失,乃以问世,而其勘也皆以函札。此类函札,皆精心结撰,其实即著述也。此种风气,他时代亦间有之,而清为独盛。

其为文也朴实说理,言无枝叶,而旨壹归于雅正。语录文体,所不喜也,而亦不以奇古为尚。顾炎武之论文曰:"孔子

言:'其旨远,其辞文.'又曰:'言之无文,行而不远.'曾子曰:
'出辞气,斯远鄙倍.'今讲学先生从语录人者,多不善修辞."⑦
又曰:"时有今古,非文有今古,今之不能为二汉,犹二汉之不
能为《尚书》《左氏》,乃剿取《史》《汉》中文法以为古,甚者猎
其一二字句用之于文,殊为不称⑧,……舍今日恒用之字而借
古字之通用者,文人所以自盖其俚浅也."(《日知录》十九)

清学皆宗炎武,文亦宗之.其所奉为信条者,一曰不俗,
二曰不古,三曰不枝.盖此种文体于学术上之说明,最为宜
矣,然因此与当时所谓"古文家"者每不相容.

美文,清儒所最不擅长也.诸经师中,殆无一人能为诗
者.——集中多皆有诗,然真无足观.——其能为词者,仅一
张惠言.能为骈体文者,有孔广森、汪中、凌廷堪、洪亮吉、孙
星衍、董祐诚,其文仍力洗浮艳,如其学风.

---

① 三十余卷,诸本均作"三十余种",据《亭林文集》卷3校改.
② 此语下原文尚有"盖期之以废铜"一语,引文删略.
③ 古书,当为"古无"之误.

④ 蛾术编，诸本均误作"蛾述篇"，据原书校正。

⑤ 书名当作《经义知新记》。

⑥ 书名当作《晓读书斋杂录》，分初、二、三、四录，各二卷。

⑦ 引文见《日知录》卷19"修辞"，有删改。原文如次："后之君子，于下学之初，即谈性道，乃以文章为小技，而不必用力。然则夫子不曰'其旨远、其辞文'乎？不曰'言之无文、行而不远'乎？曾子曰：'出辞气，斯远鄙倍矣。'尝见今讲学先生从语录入门者，多不善于修辞。……"

⑧ 引文见《日知录》卷19"文人求古之病"，乃合二则为一则。前半有删改，原文如次："《后周书·柳虬传》：'时人论文体有今古之异。虬以为时有今古，非文有今古。'此至当之论。夫今之不能为二汉，犹二汉之不能为《尚书》《左氏》。乃剽取《史》《汉》中文法以为古，甚者猎其一二字句用之于文，殊为不称。"

十八 〔清学全盛的时代环境〕

　　兹学盛时，凡名家者，比较的多耿介恬退之士。时方以科举笼罩天下，学者自宜十九从兹途出。大抵后辈志学之士未得第者，或新得第而俸入薄者，恒有先辈延主其家为课子弟。此先辈亦以子弟畜之，当奖诱增益其学；此先辈家有藏书，足供其研索；所交游率当代学者，常得陪末座以广其闻见，于是所学渐成矣。官之迁皆以年资，人无干进之心，即干亦无幸获。得第早而享年永者，则驯跻卿相，否则以词馆郎署老。俗既检朴，事畜易周，而寒士素惯淡泊，故得与世无竞，而终其身于学。京官簿书期会至简，惟日夕闭户亲书卷，得间与同气相过从，则互出所学相质。琉璃厂书贾，渐染风气，大可人意，每过一肆,可以永日,不啻为京朝士夫作一公共图书馆,——凌廷堪佣于书坊以成学,——学者滋便焉。其有外任学差或疆吏者,辄妙选名流充幕选,所至则网罗遗逸,汲引后进,而从之游者,既得以稍裕生计,亦自增其学。其学成名著而厌仕宦者,亦到处有逢迎,或书院山长,或各省府州县修志,或大族姓修谱,或有力者刻书请鉴定,皆其职业也。凡此皆有相当之报酬,又有益于学业,故学者常乐就之。吾常言:欲一国文化进展,必也社会对于学者有相当之敬礼;学者恃其学足以自养,无忧饥寒,然后能有余裕以从事于更深的研究,而学乃日新焉。近世欧洲学问多在此种环境之下培养出来,而前清乾嘉时代,则亦庶几矣。

欧洲文艺复兴,固由时代环境所酝酿,与二三豪俊所浚发,然尚有立乎其后以翼而辅之者,若罗马教皇尼古拉第五,佛罗棱萨之麦地奇家父子,拿波里王阿尔芬梭,以及其他意大利自由市府之豪商阀族,皆沾染一时风尚,为之先后疏附,直接间接提倡奖借者不少,故其业益昌。

清学之在全盛期也亦然。清高宗席祖父之业,承平殷阜,以右文之主自命，开四库馆，修《一统志》，纂《续三通》、《皇朝三通》，修《会典》，修《通礼》，日不暇给，其事皆有待于学者。内外大僚承风宏奖者甚众。嘉庆间，毕沅、阮元之流，本以经师致身通显，任封疆，有力养士，所至提倡，隐然兹学之护法神也。淮南盐商，既穷极奢欲，亦趋时尚，思自附于风雅，竞蓄书画图器，邀名士鉴定，洁亭舍、丰馆谷以待。其时刻书之风甚盛，若黄丕烈、鲍廷博辈固自能别择雠校，其余则多有力者欲假此自显，聘名流董其事。乃至贩鸦片起家之伍崇曜，亦有《粤雅堂丛书》之刻，而其书且以精审闻，他可推矣。

夫此类之人，则何与于学问？然固不能谓其于兹学之发达无助力，与南欧巨室豪贾之于文艺复兴，若合符契也。吾乃知时代思潮之为物，当运动热度最高时，可以举全社会各部分之人人，悉参加于此运动。其在中国，则晚明之心学，盛清之考证，皆其例也。

十九　〔桐城派与章学诚〕

以上诸师所论,皆为全盛期之正统派。此派远发源于顺、康之交,直至光、宣,而流风余韵,虽替未沫,直可谓与前清朝运相终始。而中间乾、嘉、道百余年间,其气象更掩袭一世,实更无他派足与抗颜行。若强求其一焉,则固有在此统一的权威之下而常怀反侧者,即所谓"古文家"者是已。

宋明理学极敝,然后清学兴。清学既兴,治理学者渐不复能成军。其在启蒙期,犹为程、朱、陆、王守残垒者,有孙奇逢、李中孚①、刁包、张履祥、张尔岐、陆陇其、陆世仪诸人,皆尚名节,厉实行,粹然纯儒,然皆硁硁自守,所学遂不克光大。同时有汤斌、李光地、魏象枢、魏裔介辈,亦治宋学,颇婟娿投时主好以跻通显。时清学壁垒未立,诸大师著述谈说,往往出入汉宋,则亦相忘于道术而已。

乾隆之初,惠、戴崛起,汉帜大张,畴昔以宋学鸣者,颇无颜色。时则有方苞者,名位略似斌、光地等,尊宋学,笃谨能躬行,而又好为文。苞,桐城人也,与同里姚范、刘大櫆共学文,诵法曾巩、归有光,造立所谓古文义法,号曰"桐城派"。又好述欧阳修"因文见道"之言,以孔、孟、韩、欧、程、朱以来之道统自任,而与当时所谓汉学者互相轻。范从子瑝,欲从学戴震。震固不好为人师,谢之。震之规古文家也曰:"诸君子之为之也,曰:是道也,非艺也。夫道固有存焉者矣,如诸君子之文,亦恶睹其非艺欤?"[②](《东原集·与方希原书》)钱大昕亦曰:方氏"所谓古文义法者,特世俗选本之古文,……法且不知,义更何有?……若方氏乃真不读书之甚者,吾兄特以其波澜意度近于古而喜之。……"[③](《潜研堂集》三十三《与友人书》)由是诸方诸姚颇不平。瑝屡为文诋汉学破碎,而方东树著《汉学商兑》,遍诋阎、胡、惠、戴所学,不遗余力。自是两派始交恶。其后阳湖恽敬、陆继辂自"桐城"受义法而稍变其体;张惠言、李兆洛皆治考证学,而亦好为文,与恽、陆同气,号"阳湖派"。戴、段派之考证学,虽披靡一世,然规律太严整,且亦声希味淡,不能悉投众嗜,故诵习两派古文家者卒不衰,然才力薄,罕能张其军者。

咸同间,曾国藩善为文而极尊"桐城",尝为《圣哲画像赞》,至跻姚鼐与周公、孔子并列。国藩功业既焜耀一世,"桐城"亦缘以增重,至今犹有挟之以媚权贵欺流俗者。

平心论之,"桐城"开派诸人,本狷洁自好、当"汉学"全盛时而奋然与抗,亦可谓有勇。不能以其末流之堕落归罪于作始。然此派者,以文而论,因袭矫揉,无所取材;以学而论,则奖空疏,阏创获,无益于社会。且其在清代学界,始终未尝占重要位置,今后亦断不复能自存,置之不论焉可耳。

方东树之《汉学商兑》,却为清代一极有价值之书。其书成于嘉庆间,正值正统派炙手可热之时,奋然与抗,亦一种革命事业也。其书为宋学辩护处,固多迂旧,其针砭汉学家处,却多切中其病,就中指斥言"汉易"者之矫诬,及言典章制度之莫衷一是,尤为知言。后此治汉学者颇欲调和汉宋,如阮元著

《性命古训》。陈澧著《汉儒通义》,谓汉儒亦言理学,其《东塾读书记》中有《朱子》一卷,谓朱子亦言考证,盖颇受此书之反响云。

在全盛期与蜕分期之间,有一重要人物,曰会稽章学诚。学诚不屑于考证之学,与正统派异。其言"六经皆史",且极尊刘歆《七略》,与今文家异。然其所著《文史通义》,实为乾嘉后思想解放之源泉。其言"贤智学于圣人,圣人学于百姓","集大成者乃④周公而非孔子"(《原道篇》);言"六经皆史,而诸子又皆出于六经"(《易教》、《诗教》、《经解》诸篇);言"战国以前无著述"(《诗教篇》);言"古人之言,所以为公,未尝私据⑤为己有"(《言公篇》);言"古之糟粕,可以为今之精华"(《说林篇》);言"后人之学胜于前人,乃后起之智虑所应尔"⑥(《朱陆篇》);言"学术与一时风尚不必求适合"(《感遇篇》);言"文不能彼此相易,不可舍己之所求以摩古人之形似"(《文理篇》);言"学贵自成一家,人所能者,我不必以不能为愧"(《博约篇》)。书中创见类此者不可悉数,实为晚清学者开拓心胸,非直史家之杰而已。

① 李中孚，按本书称名例，当作李颙。梁氏盖沿清朝讳嘉庆名（颙琰）习
　惯而称其字。

② 引文有删略，且与原文文意有出入。原书谓："古今学问之途，其大致
　有三，……事于文章者，等而末者也。然自子长、孟坚、退之、子厚诸君
　子之为之，曰是道也，非艺也。以云道，道固有存焉者矣。如诸君子之
　文，亦恶睹其非艺欤？"可知诸君子乃指司马迁、班固、韩愈、柳宗元等。
　段玉裁《戴东原先生年谱》述此书，意同。梁氏删前文而谓指桐城派古
　文家，非。

③ 引文略有删改，如"义更何有"，原作"而义于何有"；"以其波澜意度"，
　原作"以其文之波澜意度"等。

④ 乃，《文史通义》原作"为"。

⑤ 未尝私据，《文史通义》原作"未尝矜于文辞而私据"。

⑥ 此二语，《文史通义》原作"历象之学，后人必胜前人，……抑亦后起之
　智虑所应尔也"。

二十 〔清学分裂的原因〕

道、咸以后，清学曷为而分裂耶？其原因，有发于本学派之自身者，有由环境之变化所促成者。

所谓发于本学派自身者何耶？

其一，考证学之研究方法虽甚精善，其研究范围却甚拘迁。就中成绩最高者，惟训诂一科，然经数大师发明略尽，所余者不过糟粕。其名物一科，考明堂，考燕寝，考弁服，考车制，原物今既不存，聚讼终末由决。典章制度一科，言丧服，言裪袺，言封建，言井田，在古代本世有损益变迁，即群书亦末[①]由折衷通会。夫清学所以能夺明学之席而与之代兴者，毋亦曰彼空而我实也？今纷纭于不可究诘之名物制度，则其为空也,与言心言性者相去几何?甚至言《易》者摈"河图洛书"而代以"卦气爻辰",其矫诬正相类。诸如此类者尚多,殊不足以服人。要之清学以提倡一"实"字而盛,以不能贯彻一"实"字而衰,自业自得,固其所矣。

其二,凡一有机体发育至一定限度,则凝滞不复进,因凝滞而腐败,而衰谢,此物理之恒也。政制之蜕变也亦然,学派之蜕变也亦然。清学之兴,对于明之"学阀"而行革命也。乃至乾嘉以降,而清学已自成为炙手可热之一"学阀"。即如方东树之《汉学商兑》,其意气排轧之处固甚多,而切中当时流弊者抑亦不少,然正统派诸贤,莫之能受,其驵卒之依附末光者,且盛气以临之。于是思想界成一"汉学专制"之局。学派自身,既有缺点,而复行以专制,此破灭之兆矣。

其三,清学家既教人以尊古,又教人以善疑。既尊古矣,则有更古焉者,固在所当尊。既善疑矣,则当时诸人所共信者,吾曷为不可疑之?盖清学经乾嘉全盛以后,恰如欧洲近世史初期,各国内部略奠定,不能不有如科仑布其人者别求新陆,故在本派中有异军突起,而本派之命运,遂根本摇动,则亦事所必至、理有固然矣。

所谓由环境之变化所促成者何耶？

其一，清初"经世致用"之一学派所以中绝者，固由学风正趋于归纳的研究法，厌其空泛，抑亦因避触时忌，聊以自藏。嘉道以还，积威日弛，人心已渐获解放，而当文恬武嬉之既极，稍有识者，咸知大乱之将至。追寻根原，归咎于学非所用，则最尊严之学阀，自不得不首当其冲。

其二，清学之发祥地及根据地，本在江浙；咸同之乱，江浙受祸最烈，文献荡然，后起者转徙流离，更无余裕以自振其业，而一时英拔之士，奋志事功，更不复以学问为重。凡学术之赓续发展，非比较的承平时代则不能。咸同间之百学中落，固其宜矣。

其三，"鸦片战役"以后，志士扼腕切齿，引为大辱奇戚，思所以自湔拔；经世致用观念之复活，炎炎不可抑。又海禁既开，所谓"西学"者逐渐输入，始则工艺，次则政制。学者若生息于漆室之中，不知室外更何所有，忽穴一牖外窥，则粲然者皆昔所未睹也，还顾室中，则皆沈黑积秽。于是对外求索之欲日炽，对内厌弃之情日烈。欲破壁以自拔于此黑暗，不得不先对于旧政治而试奋斗，于是以其极幼稚之"西学"知识、与清初启蒙期所谓"经世之学"者相结合，别树一派，向于正统派公然举叛旗矣。此则清学分裂之主要原因也。

---

① 末，别本或作"未"，按末作"勿"解，义长。

二十一 〔清学分裂的导火线〕

清学分裂之导火线，则经学今古文之争也。

何谓今古文？初，秦始皇焚书，六经绝焉[①]。汉兴，诸儒始渐以其学教授，而亦有派别。《易》则有施（雠）、孟（喜）、梁丘（贺）三家，而同出田何；《书》则有欧阳（生）、大夏侯（胜）、小夏侯（建）三家，而同出伏胜；《诗》则有齐、鲁、韩三家，《鲁诗》出申公，《齐诗》出辕固，《韩诗》出韩婴；《春秋》则惟《公羊传》，有严（彭祖）、颜（安乐）两家，同出胡毋生、董仲舒；《礼》则惟《仪礼》，有大戴（德）、小戴（圣）、庆（普）三家，而同出高堂生。此十四家者，皆汉武帝、宣帝时立于学官，置博士教授，其写本皆用秦汉时通行篆书，谓之今文。《史记·儒林传》所述经学传授止此②,所谓十四博士是也。逮西汉之末,则有所谓古文经传出焉。《易》则有费氏,谓东莱人费直所传;《书》则有孔氏,谓孔子裔孔安国发其壁藏所献;《诗》则有毛氏,谓河间献王博士毛公所传;《春秋》则《左氏传》,谓张苍曾以教授;《礼》则有《逸礼》三十九篇,谓鲁共王得自孔子坏宅中;又有《周官》,谓河间献王所得。此诸经传者,皆以科斗文字写,故谓之古文。两汉经师,多不信古文。刘歆屡求以立学官,不得。歆移书让太常博士,谓其"专己守残,党同妒真"者也。王莽擅汉,歆挟莽力立之;光武复废之,东京初叶,信者殊稀。至东汉末,大师服虔、马融、郑玄③皆尊习古文,古文学遂大昌。而其时争论焦点,则在《春秋公羊传》。今文大家何休④著《左氏膏肓》、《谷梁废疾》、《公羊墨守》,古文大家郑玄则著《箴膏肓》、《起废疾》、《发墨守》以驳之。玄既淹博,遍注群经,其后晋杜预、王肃⑤皆衍其绪,今文学遂衰。此两汉时今古文哄争之一大公案也⑥。

南北朝以降,经说学派,只争郑(玄)、王(肃),今古文之争遂熄。唐陆德明著《释文》,孔颖达著《正义》,皆杂宗郑、王。

今所传《十三经注疏》者,《易》用王(弼)注,《书》用伪孔(安国)传,《诗》用毛传郑笺,《周礼》、《仪礼》、《礼记》皆用郑注,《春秋左氏传》用杜(预)注,其余诸经,皆汲晚汉古文家之流。西汉所谓十四博士者,其学说皆亡,仅存者惟《春秋公羊传》之何(休)注而已。自宋以后,程朱等亦遍注诸经,而汉唐注疏废。

入清代则节节复古,顾炎武、惠士奇辈专提倡注疏学,则复于六朝、唐。自阎若璩攻伪《古文尚书》,后证明作伪者出王肃,学者乃重提南北朝郑、王公案,绌王申郑,则复于东汉。乾嘉以来,家家许、郑,人人贾、马,东汉学烂然如日中天矣。悬崖转石,非达于地不止。则西汉今古文旧案,终必须翻腾一度,势则然矣。

---

① 按秦焚书,未焚《易》;又,《乐》本无经。

② 此说不妥。《史记·儒林传》仅记五经传授。上举《易》《书》《春秋》《礼》各经分立之诸博士,时代多在司马迁死后。清人考西汉十四博士,主要依据《汉书·儒林传》等篇。

③ 按马融为东汉中期人,此列入东汉末,非。又,马融为郑玄师,郑玄年长于服虔,此处序列也不妥。而古文学大昌,至迟要由东汉前期的贾

遂算起，此处所述亦非。

④ 何休，诸本均误"休"为"林"，今改正。

⑤ 按王肃卒于魏高贵乡公甘露元年(256)，下距晋代尚有十年，此谓王为晋人，非。

⑥ 按此述两汉今古文之争，过于简约，史实亦有误。可参周予同《经今古文学》一书概述，见朱维铮编《周予同经学史论著选集》增订本，上海人民出版社，1996，页1～14。

二十二 〔清代今文学与龚魏〕

今文学之中心在《公羊》,而《公羊》家言,则真所谓"其中多非常异义可怪之论"(何休《公羊传注自序》),自魏晋以还,莫敢道焉。今《十三经注疏》本,《公羊传》虽用何注,而唐徐彦为之疏,于何义一无发明。《公羊》之成为绝学,垂二千年矣。清儒既遍治古经,戴震弟子孔广森始著《公羊通义》,然不明家法,治今文学者不宗之。

今文学启蒙大师,则武进庄存与也。存与著《春秋正辞》,刊落训诂名物之末,专求所谓"微言大义"者,与戴、段一派所取途径,全然不同。其同县后进刘逢禄继之,著《春秋公羊经传何氏释例》,凡何氏所谓非常异义可怪之论,如"张三世"、

"通三统"、"绌周王鲁"、"受命改制"诸义,次第发明。其书亦用科学的归纳研究法,有条贯,有断制,在清人著述中,实最有价值之创作。

段玉裁外孙龚自珍,既受训诂学于段,而好今文,说经宗庄、刘。自珍性诙宕,不检细行,颇似法之卢骚;喜为要眇之思,其文辞俶诡连犿,当时之人弗善也。而自珍益以此自憙,往往引《公羊》义讥切时政,诋排专制;晚岁亦耽佛学,好谈名理。综自珍所学,病在不深入,所有思想,仅引其绪而止,又为瑰丽之辞所掩,意不豁达。虽然,晚清思想之解放,自珍确与有功焉。光绪间所谓新学家者,大率人人皆经过崇拜龚氏之一时期。初读《定庵文集》,若受电然,稍进乃厌其浅薄。然今文学派之开拓,实自龚氏。夏曾佑赠梁启超诗云:"璱人(龚[①])申受(刘)出方耕(庄),孤绪微茫接董生(仲舒)。"此言"今文学"之渊源最分明。拟诸"正统派",庄可比顾,龚、刘则阎、胡也。

"今文学"之初期,则专言《公羊》而已,未及他经。然因此知汉代经师家法,今古两派,截然不同;知贾、马、许、郑,殊不足以尽汉学。时辑佚之学正极盛,古经说片语只字,搜集不遗余力,于是研究今文遗说者渐多。冯登府有《三家诗异文疏证》,陈寿祺有《三家诗遗说考》,陈乔枞有《今文尚书经说考》、《尚书欧阳夏侯遗说考》[2]、《三家诗遗说考》[3]、《齐诗翼氏学疏证》,迮鹤寿有《齐诗翼氏学》,然皆不过言家法同异而已,未及真伪问题。道光末,魏源著《诗古微》,始大攻《毛传》及《大小序》,谓为晚出伪作。其言博辩,比于阎氏之《书疏证》,且亦时有新理解。其论《诗》不为美刺而作,谓:"美刺固《毛诗》一家之例,……作诗者自道其情,情达而止,……岂有欢愉哀乐,专为无病代呻者耶?"(《诗古微·齐鲁韩毛异同论中》)此深合"为文艺而作文艺"之旨,直破二千年来文家之束缚。又论诗乐合一,谓:"古者乐以诗为体,孔子正乐即正诗。"(同《夫子正乐论》上)皆能自创新见,使古书顿带活气。源又著《书古微》,谓不惟东晋晚出之《古文尚书》(即阎氏所攻者)为伪也,东汉马、郑之古文说,亦非孔安国之旧。同时邵懿辰亦著《礼经通论》,谓《仪礼》十七篇为足本,所谓古文《逸礼》三十九篇者,出刘歆伪造。而刘逢禄故有《左氏春秋考证》,谓:此书本名《左氏春秋》，不名《春秋左氏传》，与《晏子春秋》、《吕氏春秋》同性质，乃记事之书，非解经之书；其解经者，皆刘歆所窜入，《左氏传》之名，亦歆所伪创。

盖自刘书出而《左传》真伪成问题，自魏书出而《毛诗》真伪成问题，自邵书出而《逸礼》真伪成问题。若《周礼》真伪，则自宋以来成问题久矣。初时诸家不过各取一书为局部的研究而已，既而寻其系统，则此诸书者，同为西汉末出现，其传授端绪，俱不可深考，同为刘歆所主持争立。质言之，则所谓古文诸经传者，皆有连带关系，真则俱真，伪则俱伪。于是将两汉今古文之全案，重提覆勘，则康有为其人也。

今文学之健者，必推龚、魏。龚、魏之时，清政既渐陵夷衰微矣，举国方沈酣太平，而彼辈若不胜其忧危，恒相与指天画地，规天下大计。考证之学，本非其所好也，而因众所共习，则亦能之；能之而颇欲用以别辟国土，故虽言经学，而其精神与正统派之为经学而治经学者则既有以异。自珍、源皆好作经济谈，而最注意边事。自珍作《西域置行省议》，至光绪间实行，则今新疆也，又著《蒙古图志》，研究蒙古政俗而附以论议

（未刻）。源有《元史》，有《海国图志》。治域外地理者，源实为先驱。故后之治今文学者，喜以经术作政论，则龚、魏之遗风也。

---

① 龚，诸本均作"乐"，当系传写之讹，今改正。

② 书名当作《今文尚书遗说考》，见《左海续集》。

③ 按实为三书：《鲁诗遗说考》、《齐诗遗说考》、《韩诗遗说考》。见《左海续集》。

二十三 〔康有为是今文学运动的中心〕

今文学运动之中心,曰南海康有为。然有为盖斯学之集成者,非其创作者也。有为早年,酷好《周礼》,尝贯穴之著《政学通议》①,后见廖平所著书,乃尽弃其旧说。平,王闿运弟子。闿运以治《公羊》闻于时,然故文人耳,经学所造甚浅,其所著《公羊笺》②,尚不逮孔广森。平受其学,著《四益馆经学丛书》十数种,颇知守今文家法。晚年受张之洞贿逼,复著书自驳。其人固不足道,然有为之思想,受其影响,不可诬也。

有为最初所著书曰:《新学伪经考》。"伪经"者,谓《周礼》、《逸礼》、《左传》及《诗》之毛传,凡西汉末刘歆所力争立博士者。"新学"者,谓新莽之学。时清儒诵法许、郑者,自号曰

"汉学"。有为以为此新代之学,非汉代之学,故更其名焉。《新学伪经考》之要点:一、西汉经学,并无所谓古文者,凡古文皆刘歆伪作。二、秦焚书,并未厄及六经,汉十四博士所传,皆孔门足本,并无残缺。三、孔子时所用字,即秦汉间篆书,即以"文"论,亦绝无今古之目。四、刘歆欲弥缝其作伪之迹,故校中秘书时,于一切古书多所羼乱。五、刘歆所以作伪经之故,因欲佐莽篡汉,先谋湮乱孔子之微言大义。诸所主张,是否悉当,且勿论,要之此说一出,而所生影响有二:第一,清学正统派之立脚点,根本摇动;第二,一切古书,皆须从新检查估价。此实思想界之一大飓风也。

有为弟子有陈千秋、梁启超者,并夙治考证学,陈尤精洽;闻有为说,则尽弃其学而学焉。《伪经考》之著,二人者多所参与,亦时时病其师之武断,然卒莫能夺也。实则此书大体皆精当,其可议处乃在小节目。乃至谓《史记》《楚辞》经刘歆羼入者数十条,出土之钟鼎彝器,皆刘歆私铸埋藏以欺后世。此实为事理之万不可通者,而有为必力持之。实则其主张之要点,并不必借重于此等枝词强辩而始成立,而有为以好博好异之故,往往不惜抹杀证据或曲解证据,以犯科学家之大忌,此其所短也。

有为之为人也,万事纯任主观,自信力极强,而持之极毅。其对于客观的事实,或竟蔑视,或必欲强之以从我。其在事业上也有然,其在学问上也亦有然;其所以自成家数、崛起一时者以此,其所以不能立健实之基础者亦以此;读《新学伪经考》而可见也。

《新学伪经考》出甫一年,遭清廷之忌,毁其板,传习颇稀。其后有崔适者,著《史记探原》、《春秋复始》二书,皆引申有为之说,益加精密,今文派之后劲也。

有为第二部著述,曰《孔子改制考》。其第三部著述,曰《大同书》。若以《新学伪经考》比飓风,则此二书者,其火山大喷火也,其大地震也。

有为之治《公羊》也,不斤斤于其书法义例之小节,专求其微言大义,即何休所谓非常异义可怪之论者。定《春秋》为孔子改制创作之书,谓文字不过其符号,如电报之密码,如乐谱之音符,非口授不能明。又不惟《春秋》而已,凡六经皆孔子所作,昔人言孔子删述者误也。孔子盖自立一宗旨而凭之以进退古人去取古籍。孔子改制,恒托于古。尧舜者,孔子所托也,其人有无不可知;即有,亦至寻常;经典中尧舜之盛德大业,皆孔子理想上所构成也。又不惟孔子而已,周秦诸子罔不改制,罔不托古。老子之托黄帝,墨子之托大禹,许行之托神农,是也。近人祖述何休以治《公羊》者,若刘逢禄、龚自珍、陈立辈,皆言改制,而有为之说,实与彼异。有为所谓改制者,则一种政治革命、社会改造的意味也,故喜言"通三统"。"三统"者,谓夏、商、周三代不同,当随时因革也。喜言"张三世"。"三世"者,谓据乱世、升平世、太平世,愈改而愈进也。有为政治上"变法维新"之主张,实本于此。有为谓孔子之改制,上掩百世,下掩百世,故尊之为教主;误认欧洲之尊景教为治强之本,故恒欲侪孔子于基督,乃杂引谶纬之言以实之;于是有为心目中之孔子,又带有"神秘性"矣。《孔子改制考》之内容,大略如此;其所及于思想界之影响,可得言焉。

一、教人读古书,不当求诸章句训诂名物制度之末,当求其义理。所谓义理者,又非言心言性,乃在古人创法立制之精意。于是汉学、宋学，皆所吐弃，为学界别辟一新殖民地。

二、语孔子之所以为大，在于建设新学派（创教），鼓舞人创作精神。

三、《伪经考》既以诸经中一大部分为刘歆所伪托，《改制考》复以真经之全部分为孔子托古之作，则数千年来共认为神圣不可侵犯之经典，根本发生疑问，引起学者怀疑批评的态度。

四、虽极力推挹孔子，然既谓孔子之创学派与诸子之创学派，同一动机，同一目的，同一手段，则已夷孔子于诸子之列。所谓"别黑白定一尊"之观念，全然解放，导人以比较的研究。

---

① 书名当作《教学通议》。佚稿原藏上海市文物保管委员会，《中国文化》研究集刊第三辑（复旦大学出版社，1986 年 3 月）已予以整理刊布，参看朱维铮为该文刊布所作"编者按"的考订。

② 书名为《春秋公羊传笺》，凡十一卷。

二十四 〔《大同书》是康有为的创作〕

右两书皆有为整理旧学之作，其自身所创作，则《大同书》也。

初，有为既从学于朱次琦毕业，退而独居西樵山者两年，专为深沈之思，穷极天人之故，欲自创一学派，而归于经世之用。有为以《春秋》"三世"之义说《礼运》，谓"升平世"为"小康"，"太平世"为"大同"。《礼运》之言曰："大道之行也，天下为公，选贤与能，讲信修睦。故人不独亲其亲，不独子其子；使老有所归，壮有所用，幼有所长，鳏寡孤独废疾者皆有所养；男有分，女有归，货恶其弃于地也，不必藏诸己；力恶其不出于身也，不必为己；……是谓大同。"此一段者，以今语释之，则民治主义存焉(天下……与能),国际联合主义存焉(讲信修睦),儿童公育主义存焉(故人不……其子),老病保险主义存焉(使老有……有所养),共产主义存焉(货恶……藏诸己)劳作神圣主义存焉(力恶……为己)。有为谓此为孔子之理想的社会制度,谓《春秋》所谓"太平世"者即此,乃衍其条理为书,略如左:

一、无国家,全世界置一总政府,分若干区域。

二、总政府及区政府皆由民选。

三、无家族,男女同栖不得逾一年,届期须易人。

四、妇女有身者入胎教院,儿童出胎者入育婴院。

五、儿童按年入蒙养院,及各级学校。

六、成年后由政府指派分任农工等生产事业。

七、病则入养病院,老则入养老院。

八、胎教、育婴、蒙养、养病、养老诸院,为各区最高之设备,入者得最高之享乐。

九、成年男女,例须以若干年服役于此诸院,若今世之兵役然。

十、设公共宿舍、公共食堂,有等差,各以其劳作所入自由享用。

十一、警惰为最严之刑罚。

十二、学术上有新发明者,及在胎教等五院有特别劳绩者,得殊奖。

十三、死则火葬,火葬场比邻为肥料工厂。

《大同书》之条理略如是。全书数十万言,于人生苦乐之根原,善恶之标准,言之极详辩,然后说明其立法之理由。其最要关键,在毁灭家族。有为谓佛法出家,求脱苦也,不如使其无家可出;谓私有财产为争乱之源,无家族则谁复乐有私产?若夫国家,则又随家族而消灭者也。有为悬此鹄为人类进化之极轨,至其当由何道乃能致此?则未尝言。其第一眼目所谓男女同栖当立期限者,是否适于人性,则亦未甚能自完其说。虽然,有为著此书时,固一无依傍,一无剿袭,在三十年前①,而其理想与今世所谓世界主义、社会主义者多合符契,而陈义之高且过之。呜呼!真可谓豪杰之士也已。

有为虽著此书,然秘不以示人,亦从不以此义教学者,谓今方为"据乱"之世,只能言小康,不能言大同,言则陷天下于洪水猛兽。其弟子最初得读此书者，惟陈千秋、梁启超，读则大乐，锐意欲宣传其一部分。有为弗善也，而亦不能禁其所为，后此万木草堂学徒多言大同矣。而有为始终谓当以小康义救今世，对于政治问题，对于社会道德问题，皆以维持旧状为职志。自发明一种新理想，自认为至善至美，然不愿其实现，且竭全力以抗之遏之；人类秉性之奇诡，度无以过是者。有为当中日战役后，纠合青年学子数千人上书言时事，所谓"公车上书"者是也。中国之有"群众的政治运动"，实自此始。然有为既欲实行其小康主义的政治，不能无所求于人，终莫之能用，屡遭窜逐。而后辈多不喜其所为，相与诋诃之。有为亦果于自信，而轻视后辈，益为顽旧之态以相角。今老矣，殆不复与世相闻问，遂使国中有一大思想家，而国人不蒙其泽，悲夫！启超屡请印布其《大同书》，久不许，卒乃印诸《不忍杂志》中，仅三之一②，杂志停版，竟不继印。

---

① 此说非。"三十年前"，当清光绪十七年（1891），而康有为《大同书题

辞》,则称该书作于光绪甲申(十年,当 1884)。但据《大同书》内容考
证,其书属稿不可能早于清光绪二十八年(1902),成稿时间更晚。康
有为早年佚著《实理公法全书》,当系《大同书》雏型,前揭《中国文化》
研究集刊第一辑(1984),曾据美国斯坦福大学胡佛研究所、上海市文
物保管委员会所藏该书抄件互校,予以刊布;"编者按"指出其成稿时
不会早于 1891 年。

② 按《大同书》几十部,《不忍》杂志仅刊出甲、乙二部,见该刊第一至第七
期(上海广智书局,1913 年 2 月至 10 月刊行)。1919 年 3 月,上海长兴
书局曾出版这二部的单行本。

二十五 〔梁启超的今文学派宣传运动〕

对于"今文学派"为猛烈的宣传运动者,则新会梁启超也。

启超年十三[①],与其友陈千秋同学于学海堂,治戴、段、王之学。千秋所以辅益之者良厚[②]。越三年,而康有为以布衣上书被放归,举国目为怪。千秋、启超好奇,相将谒之,一见大服,遂执业为弟子,共请康开馆讲学,则所谓万木草堂是也。二人者学数月,则以其所闻昌言于学海堂,大诋诃旧学,与长老侪辈辩诘无虚日。有为不轻以所学授人。草堂常课,除《公羊传》外,则点读《资治通鉴》、《宋元学案》、《朱子语类》等,又时时习古礼。千秋、启超弗嗜也,则相与治周秦诸子及佛典,亦涉猎清儒经济书及译本西籍,皆就有为决疑滞。居一年,乃闻所谓"大同义"者，喜欲狂，锐意谋宣传。有为谓非其时，然不能禁也。又二年，而千秋卒（年二十二），启超益独力自任。

启超治《伪经考》，时复不慊于其师之武断，后遂置不复道。其师好引纬书，以神秘性说孔子，启超亦不谓然。启超③谓孔门之学，后衍为孟子、荀卿两派，荀传小康，孟传大同；汉代经师，不问为今文家古文家，皆出荀卿（汪中说）；二千年间，宗派屡变，壹皆盘旋荀学肘下，孟学绝而孔学亦衰。于是专以绌荀申孟为标帜，引《孟子》中诛责"民贼"、"独夫"、"善战服上刑"、"授田制产"诸义，谓为大同精意所寄，日倡道之；又好《墨子》，诵说其"兼爱"、"非攻"诸论。启超屡游京师，渐交当世士大夫，而其讲学最契之友，曰夏曾佑、谭嗣同。曾佑方治龚、刘今文学，每发一义，辄相视莫逆。其后启超亡命日本，曾佑赠以诗，中有句曰："……冥冥兰陵（荀卿）门，万鬼头如蚁，质多（魔鬼）举只手，阳乌为之死。袒裼往暴之，一击类执豕，酒酣掷杯起，跌宕笑相视。颇谓宙合间，只此足欢喜。……"此可想见当时彼辈"排荀"运动，实有一种元气淋漓景象。嗣同方治王夫之之学,喜谈名理,谈经济,及交启超,亦盛言大同,运动尤烈。(详次节)而启超之学,受夏、谭影响亦至巨。

其后启超等之运动,益带政治的色彩。启超创一旬刊杂志于上海,曰《时务报》。自著《变法通议》,批评秕政,而救敝之法,归于废科举、兴学校,亦时时发"民权论",但微引其绪,未敢昌言。

已而嗣同与黄遵宪、熊希龄等,设时务学堂于长沙,聘启超主讲席,唐才常等为助教。启超至,以《公羊》《孟子》教,课以札记,学生仅四十人,而李炳寰、林圭、蔡锷称高才生焉。启超每日在讲堂四小时,夜则批答诸生札记,每条或至千言,往往彻夜不寐。所言皆当时一派之民权论,又多言清代故实,胪举失政,盛倡革命。其论学术,则自荀卿以下汉、唐、宋、明、清学者,掊击无完肤。时学生皆住舍,不与外通,堂内空气日日激变,外间莫或知之。及年假,诸生归省,出札记示亲友,全湘大哗。先是嗣同、才常等,设"南学会"聚讲,又设《湘报》(日刊)、《湘学报》(旬刊),所言虽不如学堂中激烈,实阴相策应。又窃印《明夷待访录》《扬州十日记》等书,加以案语,秘密分布,传播革命思想,信奉者日众,于是湖南新旧派大哄。叶德辉著《翼教丛编》④数十万言,将康有为所著书,启超所批学生札记,及《时务报》、《湘报》、《湘学报》诸论文,逐条痛斥。而张之洞亦著《劝学篇》,旨趣略同。

戊戌政变前,某御史胪举札记批语数十条指斥清室、鼓吹民权者具折揭参,卒兴大狱。嗣同死焉,启超亡命,才常等被逐,学堂解散。盖学术之争,延为政争矣。

启超既亡居日本,其弟子李、林、蔡等弃家从之者十有一人,才常亦数数往来,共图革命。积年余,举事于汉口,十一人者先后归,从才常死者六人焉。启超亦自美洲驰归,及上海而事已败。自是启超复专以宣传为业,为《新民丛报》、《新小说》等诸杂志,畅其旨义,国人竞喜读之;清廷虽严禁,不能遏;每一册出,内地翻刻本辄十数。二十年来学子之思想,颇蒙其影响。

启超夙不喜桐城派古文,幼年为文,学晚汉魏晋,颇尚矜炼,至是自解放,务为平易畅达,时杂以俚语韵语及外国语法,纵笔所至不检束,学者竞效之,号新文体。老辈则痛恨,诋为

野狐。然其文条理明晰，笔锋常带情感，对于读者，别有一种
魔力焉。

---

① 据丁文江、赵丰田编《梁启超年谱长编》(上海人民出版社，1983)，孙梁
　氏肄业于学海堂，时在 1886 年(清光绪十三年)，此年梁氏十五岁。

② 据梁启超《三十自述》(《饮冰室文集》十一)，记十八岁(清光绪十六年，
　1890)"其年秋，始交陈通甫"。梁此段述早年经历失于含胡。

③ 启超，通行本误作"启题"，今改正。

④ 按苏舆辑《翼教丛编》，成书于戊戌七月以后。此盖谓内所收"驳伪学"
　诸文。

二十六 〔梁启超与康有为的分歧〕

　　启超既日倡革命排满共和之论，而其师康有为深不谓然，屡责备之，继以婉劝，两年间函札数万言。启超亦不慊于当时革命家之所为，惩羹而吹齑，持论稍变矣。然其保守性与进取性常交战于胸中，随感情而发，所执往往前后相矛盾，尝自言曰："不惜以今日之我，难昔日之我。"世多以此为诟病，而其言论之效力亦往往相消，盖生性之弱点然矣。

　　启超自三十以后，已绝口不谈"伪经"，亦不甚谈"改制"。而其师康有为大倡设孔教会定国教祀天配孔诸义，国中附和不乏。启超不谓然，屡起而驳之，其言曰：

我国学界之光明，人物之伟大，莫盛于战国，盖思想自由之明效也。及秦始皇焚百家之语，而思想一窒；汉武帝表章六艺、罢黜百家，而思想又一窒。自汉以来，号称行孔教二千余年于兹矣，而皆持所谓表章某某、罢黜某某者为一贯之精神。故正学异端有争，今学古学有争，言考据则争师法，言性理则争道统，各自以为孔教，而排斥他人以为非孔教。……寖假而孔子变为董江都、何邵公矣，寖假而孔子变为马季长、郑康成矣，寖假而孔子变为韩退之、欧阳永叔矣，寖假而孔子变为程伊川、朱晦庵矣，寖假而孔子变为陆象山、王阳明矣，寖假而孔子变为顾亭林、戴东原矣，皆由思想束缚于一点，不能自开生面。如群猿得一果，跳掷以相攫，如群妪得一钱，诟詈以相夺，情状抑何可怜？……此二千年来保教党所生之结果也。（壬寅年《新民丛报》）①

又曰：

今之言保教者，取近世新学新理而缘附之，曰：某某孔子所已知也,某某孔子所曾言也。……然则非以此新学新理厘然有当于吾心而从之也,不过以其暗合于我孔子而从之耳。是所爱者,仍在孔子,非在真理也。万一遍索诸四书六经而终无可比附者,则将明知为真理而亦不敢从矣。万一吾所比附者,有人剟之,曰孔子不如是,斯亦不敢不弃之矣。若是乎真理之终不能饷遗我国民也。故吾所恶乎舞文贱儒,动以西学缘附中学者,以其名为开新,实则保守,煽思想界之奴性而滋益之也。[②](同上)

又曰:

摭古书片词单语以傅会今义,最易发生两种流弊。一、倘所印证之义,其表里适相吻合,善已;若稍有牵合附会,则最易导国民以不正确之观念,而缘郢书燕说以滋弊。例如畴昔谈立宪谈共和者,偶见经典中某字某句,与立宪共和等字义略相近,辄摭拾以沾沾自喜,谓此制为我所固有。其实今世共和立宪制度之为物,即泰西亦不过起于近百年,求诸彼古代之希腊罗马且不可得,遑论我国? 而比附之言,传播既广,则能使多数人之眼光之思想,见局见缚于所比附之文句,以为所谓立宪共和者不过如是,而不复追求其真义之所存。……此等结习,最易为国民研究实学之魔障。二、劝人行此制,告之曰,吾先哲所尝行也;劝人治此学,告之曰,吾先哲所尝治也;其势较易入,固也。然频以此相诏,则人于先哲未尝行之制,辄疑其不可行,于先哲未尝治之学,辄疑其不当治。无形之中,恒足以增其故见自满之习,而障其择善服从之明。……吾雅不愿采撷隔墙桃李之繁葩,缀结于吾家杉松之老干,而沾沾自鸣得意。吾诚爱桃李也,惟当思所以移植之,而何必使与杉松淆其名实者。(乙卯年《国风报》)③

此诸论者,虽专为一问题而发,然启超对于我国旧思想之总批判,及其所认为今后新思想发展应遵之途径,皆略见焉。中国思想之痼疾,确在"好依傍"与"名实混淆"。若援佛入儒也,若好造伪书也,皆原本于此等精神。以清儒论,颜元几于墨矣,而必自谓出孔子;戴震全属西洋思想,而必自谓出孔子;

康有为之大同,空前创获,而必自谓出孔子。及至孔子之改制,何为必托古?诸子何为皆托古?则亦依傍混淆也已。此病根不拔,则思想终无独立自由之望。启超盖于此三致意焉。然持论既屡与其师不合,康、梁学派遂分。

启超之在思想界,其破坏力确不小,而建设则未有闻。晚清思想界之粗率浅薄,启超与有罪焉。启超常称佛说,谓"未能自度,而先度人,是为菩萨发心"。故其生平著作极多,皆随有所见,随即发表。彼尝言:"我读到'性本善',则教人以'人之初'而已。"殊不思"性相近"以下尚未读通,恐并"人之初"一句亦不能解。以此教人,安见其不为误人?启超平素主张,谓须将世界学说为无制限的尽量输入,斯固然矣。然必所输入者确为该思想之本来面目,又必具其条理本末,始能供国人切实研究之资,此其事非多数人专门分担不能。启超务广而荒,每一学稍涉其樊,便加论列,故其所述著,多模糊影响笼统之谈,甚者纯然错误,及其自发现而自谋矫正,则已前后矛盾矣!

平心论之,以二十年前思想界之闭塞萎靡,非用此种卤莽疏阔手段,不能烈山泽以辟新局。就此点论,梁启超可谓新思想界之陈涉。虽然，国人所责望于启超不止此。以其人本身之魄力，及其三十年历史上所积之资格，实应为我新思想界力图缔造一开国规模。若此人而长此以自终，则在中国文化史上，不能不谓为一大损失也。

启超与康有为最相反之一点，有为太有成见，启超太无成见。其应事也有然，去治学也亦有然。有为常言："吾学三十岁已成，此后不复有进，亦不必求进。"④启超不然，常自觉其学未成，且忧其不成，数十年日在旁皇求索中。故有为之学，在今日可以论定；启超之学，则未能论定。然启超以太无成见之故，往往徇物而夺其所守，其创造力不逮有为，殆可断言矣。

启超"学问欲"极炽，其所嗜之种类亦繁杂，每治一业，则沈溺焉，集中精力，尽抛其他；历若干时日，移于他业，则又抛其前所治者。以集中精力故，故常有所得；以移时而抛故，故入焉而不深。彼尝有诗题其女令娴《艺蘅馆日记》云："吾学病爱博，是用浅且芜；尤病在无恒，有获旋失诸；百凡可效我，此二无我如"。可谓有自知之明。启超虽自知其短，而改之不勇，中间又屡为无聊的政治活动所牵率，耗其精而荒其业。识者谓启超若能永远绝意政治,且裁敛其学问欲,专精于一二点,则于将来之思想界尚更有所贡献,否则亦适成为清代思想史之结束人物而已。

---

① 引文见《保教非所以尊孔论》第五节"论保教之说束缚国民思想"。原文刊于《新民丛报》第 2 号(1902 年 2 月 22 日出版),署名"中国之新民"。引文经删改后,与原意已有出入。主要删改处有:"焚百家之语",下删"坑方术之士"一语;"罢黜百家"下删"凡不在六艺之科者绝勿进"一语;"以为非孔教"下删节号内,原为"于是孔教之范围,益日缩日小"二语;"韩退之",原作"韩昌黎";"顾亭林、戴东原",原作"纪晓岚、阮芸台"。末语"所生之结果也"下删节号内,原有百余字,乃颂扬孔子主张思想自由,而自命为孔子徒者则相反云云。

② 引文见前揭《保教非所以尊孔论》同节,有较大删改。原文如次:"抑今日之言保教者,其道亦稍异于昔。彼欲广孔教之范围也,于是取近世之新学新理以缘附之,曰某某者孔子所已知也,某某者孔子所曾言也。……(中删"其一片苦心,吾亦敬之,而惜其重诬孔子而益阻人思想自由之路也"云云,凡 150 字。)然则非以此新学新理厘然有当于吾心而从之也,不过以其暗合于我孔子而从之也。(下删改较少,略)"

③ 按乙卯年当 1915 年,而《国风报》创刊于 1910 年 2 月,1911 年 7 月停刊。查《饮冰室文集》,此段引文乃《孔子教义实际裨益于今日国民者何在欲昌明之其道何由》中语,见《饮冰室合集》本文集之三十三,页 64~65,作于 1915 年。原文批评"时流所谓国粹主义","当世之尊孔

者",但在此均删去。又,内容及文句删改甚多,不具引。

④ 康有为说,见其佚稿《与沈刑部子培书》(收入蒋贵麟编《万木草堂遗稿外编》,台北成文出版社,1978),内谓其"至乙酉之年而学大定,不复有进矣"。按乙酉为清光绪十一年(1885),时康有为二十八岁。据此梁述康言,较诸康本人估计,尚迟二年。

二十七 〔晚清思想界一彗星
——谭嗣同〕

晚清思想界有一彗星,曰浏阳谭嗣同。

嗣同幼好为骈体文,缘是以窥"今文学",其诗有"汪(中)魏(源)龚(自珍)王(闿运)始是才"之语,可见其向往所自。又好王夫之之学,喜谈名理。自交梁启超后,其学一变。自从杨文会闻佛法,其学又一变。尝自哀其少作诗文刻之,题曰《东海褰冥氏三十以前旧学》,示此后不复事此矣。其所谓"新学"之著作,则有《仁学》,亦题曰"台湾人所著书",盖中多讥切清廷,假台人抒愤也。书成,自藏其稿,而写一副本畀其友梁启超;启超在日本印布之,始传于世。《仁学自叙》曰:

吾将哀号流涕,强聒不舍,以速其冲决网罗。冲决利禄之网罗,冲决俗学若考据若词章之网罗,冲决全球群学群教之网罗,冲决君主之网罗,冲决伦常之网罗,冲决天之网罗。……然既可冲决,自无网罗;真无网罗,乃可言冲决。①

《仁学》内容之精神,大略如是。英奈端倡"打破偶像"之论,遂启近代科学。嗣同之"冲决罗网",正其义也。《仁学》之作,欲将科学、哲学、宗教冶为一炉,而更使适于人生之用,真可谓极大胆极辽远之一种计划。此计划,吾不敢谓终无成立之望,然以现在全世界学术进步之大势观之,则似为期尚早,况在嗣同当时之中国耶?

嗣同幼治算学,颇深造,亦尝尽读所谓"格致"类之译书,将当时所能有之科学知识,尽量应用。又治佛教之"唯识宗"、"华严宗",用以为思想之基础,而通之以科学。又用今文学家"太平"、"大同"之义,以为"世法"之极轨,而通之于佛教。嗣同之书,盖取资于此三部分,而组织之以立己之意见。其驳杂幼稚之论甚多,固无庸讳,其尽脱旧思想之束缚,戛戛独造,则前清一代,未有其比也。

嗣同根本的排斥尊古观念,尝曰:"古而可好,则^②何必为今之人哉!"(《仁学》卷上)对于中国历史,下一总批评曰:"二千年来之政,秦政也,皆大盗也;二千年来之学,荀学也,皆乡愿也;惟大盗利用乡愿,惟乡愿工媚大盗。"(《仁学》卷下)当时谭、梁、夏一派之论调,大约以此为基本,而嗣同尤为悍勇。其《仁学》所谓冲决罗网者,全书皆是也,不可悉举,姑举数条为例。

嗣同明目张胆以诋名教,其言曰:

俗学陋行,动言名教,……以名为教,则其教已为实之宾,而决非实也。又况名者由人创造,上以制其下而下不能不奉之,则数千年三纲五常之惨祸酷毒由此矣。……如曰"仁",则共名也,君父以责臣子,臣子亦可反之君父,于箝制之术不便,故不能不有"忠孝廉节"一切分别等衰之名。……忠孝既为臣子之专名,则终不能以此反之,虽或他有所据,意欲诘诉,而终不敌忠孝之名为名教之所尚。……名之所在,不惟关其口使不敢昌言,乃并锢其心使不敢涉想。③

嗣同对于善恶,有特别见解,谓"天地间无所谓恶,恶者名耳,非实也",谓"俗儒以天理为善,人欲为恶,不知无人欲安得有天理"④。彼欲申其"恶由名起"说,乃有极诡僻之论,曰:

恶莫大淫杀。……男女构精名淫,此淫名也。淫名亦生民以来沿习既久,名之不改,习谓为恶。向使生民之始,即相习以淫为朝聘宴飨之巨典,行诸朝庙,行诸都市,行诸稠人广众,如中国之长揖拜跪,西国之抱腰接吻,则孰知为恶者?戕害生命名杀,此杀名也。然杀为恶,则凡杀皆当为恶。人不当杀,则凡虎狼牛马鸡豚,又何当杀者,何以不并名恶也?或曰,"人与人同类耳"。然则虎狼于人不同类也,虎狼杀人,则名虎狼为恶;人杀虎狼,何以不名人为恶也?⑤

此等论调,近于诡辩矣,然其怀疑之精神,解放之勇气,正可察见。

《仁学》下篇，多政治谈。其篇首论国家起原及民治主义（文不具引），实当时谭、梁一派之根本信条，以殉教的精神力图传播者也。由今观之，其论亦至平庸，至疏阔。然彼辈当时，并卢骚《民约论》之名亦未梦见，而理想多与暗合，盖非思想解放之效不及此。其鼓吹排满革命也，词锋锐不可当，曰：

天下为君主私产，不始今日，……然而有知辽、金、元、清之罪，浮于前此君主者乎？其土则秽壤也，其人则膻种也，其心则禽心也，其俗则毳俗也。逞其凶残淫杀，攫取中原子女玉帛，……犹以为未餍。锢其耳目，桎其手足，压其心思，挫其气节。……方命曰：此食毛践土之分然也。夫果谁食谁之毛？谁践谁之土？⑥

又曰：

吾华人慎毋言华盛顿、拿破仑矣，志士仁人，求为陈涉、杨玄感，以供圣人之驱除，死无憾焉。若机无可乘，则莫若为任侠(暗杀),亦足以伸民气,倡勇敢之风。⑦

此等言论,著诸竹帛,距后此"同盟会"、"光复会"等之起,盖十五六年矣。

《仁学》之政论,归于"世界主义",其言曰:"春秋大一统之义,天地间不当有国也。"⑧又曰:"不惟发愿救本国,并彼极盛之西国与夫含生之类,一切皆度之,……不可自言为某国人,当平视万国,皆其国,皆其民。"⑨篇中此类之论,不一而足,皆当时今文学派所日倡道者。其后梁启超居东,渐染欧、日俗论,乃盛倡褊狭的国家主义,惭其死友矣。

嗣同遇害,年仅三十三。使假以年,则其学将不能测其所至。仅留此区区一卷,吐万丈光芒,一瞥而逝,而扫荡廓清之力莫与京焉,吾故比诸彗星。

---

① 引文有删略。原文如次:"以吾之遭,……则何可不千一述之,为流涕哀号,强聒不舍,以速其冲决网罗,留作券剂耶? 网罗重重,与虚空而无极。初当冲决利禄之网罗,次冲决俗学若考据若词章之网罗,次冲

决全球群学之网罗,次冲决君主之网罗,次冲决伦常之网罗,次冲决天之网罗,次冲决全球群教之网罗,终将冲决佛法之网罗。然真能冲决,亦自无网罗;真无网罗,乃可言冲决;故冲决网罗者,即是未尝冲决网罗。"

② 则,《仁学》原作"又"。

③ 此段引文乃将《仁学》八、三七两节有关文字拼合而成,并略有删改。如"惨祸酷毒由此矣",原作"惨祸烈毒由是酷焉矣";"忠孝廉节",原作"忠孝廉节等";"他有所据",原作"他有所摭";"名教之所尚",原作"名教之所出"。

④ 据《仁学》,此语乃引王船山言。梁氏又有删略。

⑤ 引文见《仁学》九节,文字多所删略。文长不具录。

⑥ 引文见《仁学》三十三节,文字多所删改。如"辽金元清",原文无"清"字;"逞其凶残淫杀"以下,均为摘句节引。文长不具录。

⑦ 引文见《仁学》三十四节。"若机",原作"若其机"。

⑧ 引文见《仁学》四十二节。此处删节后,与原意有出入。

⑨ 引文见《仁学》四十四节。此处删节后,与原意有出入。

二十八 〔清学正统派的殿军
——章炳麟〕

在此清学蜕分与衰落期中,有一人焉能为正统派大张其军者,曰:余杭章炳麟。

炳麟少受学于俞樾,治小学极谨严,然固浙东人也,受全祖望、章学诚影响颇深,大究心明清间掌故,排满之信念日烈。

炳麟本一条理缜密之人,及其早岁所作政谈,专提倡单调的"种族革命论",使众易喻,故鼓吹之力綦大。中年以后,究心佛典,治《俱舍》、《唯识》,有所入。既亡命日本,涉猎西籍,以新知附益旧学,日益闳肆。其治小学,以音韵为骨干,谓文字先有声然后有形,字之创造及其孳乳,皆以音衍。所著《文始》及《国故论衡》中论文字音韵诸篇,其精义多乾嘉诸老所未发明。应用正统派之研究法,而廓大其内容延辟其新径,实炳麟一大成功也。

炳麟用佛学解老庄,极有理致,所著《齐物论释》,虽间有牵合处,然确能为研究"庄子哲学"者开一新国土。其《菿汉微言》,深造语极多。其余《国故论衡》、《检论》、《文录》诸篇,纯驳互见。尝自述治学进化之迹,曰:

少时治经,谨守朴学,所疏通证明者,在文学器数之间。虽尝博观诸子,略识微言,亦随顺旧义耳。……继阅佛藏,涉猎《华严》、《法华》、《涅槃》诸经,义解渐深,卒未窥其究竟。及囚系上海,专修慈氏世亲之书。此一术也,以分析名相始,以排遣名相终。从入之途,与平生朴学相似,易于契机。……

……讲说许书,一旦解寤,的①然见语言文字本原,于是初为《文始》。……由是所见与笺疏琐碎者殊矣。……

为诸生说《庄子》,旦夕比度,遂有所得,端居深观而释《齐物》,乃与《瑜伽》、《华严》相会。……

自揣平生学术,始则转俗成真,终乃回真向俗。……秦汉

以来,依违于彼是之间,局促于一曲之内,盖未尝睹是也。(《菿汉微言》卷末)②

　　其所自述,殆非溢美。盖炳麟中岁以后所得,固非清学所能限矣。其影响于近年来学界者亦至巨。虽然,炳麟谨守家法之结习甚深,故门户之见,时不能免,如治小学排斥钟鼎文龟甲文,治经学排斥"今文派",其言常不免过当。而对于思想解放之勇决,炳麟或不逮今文家也。

---

① 旳,诸本均误作"的",据《菿汉微言》(浙江图书馆刊《章氏丛书》本)校改。
② 引文多删略。原文可参《章太炎选集》(上海人民出版社 1981 年版)页587~593。

二十九 〔晚清西洋思想之运动〕

　　自明徐光启、李之藻等广译算学、天文、水利诸书,为欧籍入中国之始,前清学术,颇蒙其影响,而范围亦限于天算。

　　"鸦片战役"以后,渐怵于外患。洪杨之役,借外力平内难,益震于西人之"船坚炮利"。于是上海有制造局之设,附以广方言馆,京师亦设同文馆,又有派学生留美之举,而目的专在养成通译人才,其学生之志量,亦莫或逾此。故数十年中,思想界无丝毫变化。惟制造局中尚译有科学书二三十种,李善兰、华蘅芳、赵仲涵等任笔受。其人皆学有根柢,对于所译之书,责任心与兴味皆极浓重,故其成绩略可比明之徐、李。而教会之在中国者,亦颇有译书。光绪间所为"新学家"者,欲求知识于域外，则以此为枕中鸿秘。盖"学问饥饿"，至是而极矣。

甲午丧师，举国震动，年少气盛之士，疾首扼腕言"维新变法"，而疆吏若李鸿章、张之洞辈，亦稍稍和之。而其流行语，则有所谓"中学为体，西学为用"者，张之洞最乐道之，而举国以为至言。盖当时之人，绝不承认欧美人除能制造能测量能驾驶能操练之外，更有其他学问，而在译出西书中求之，亦确无他种学问可见。康有为、梁启超、谭嗣同辈，即生育于此种"学问饥荒"之环境中，冥思枯索，欲以构成一种"不中不西即中即西"之新学派，而已为时代所不容。盖固有之旧思想，既深根固蒂，而外来之新思想，又来源浅觳，汲而易竭，其支绌灭裂，固宜然矣。

戊戌政变，继以庚子拳祸，清室衰微益暴露。青年学子，相率求学海外，而日本以接境故，赴者尤众。壬寅、癸卯间，译述之业特盛，定期出版之杂志不下数十种。日本每一新书出，译者动数家。新思想之输入，如火如荼矣。然皆所谓"梁启超式"的输入，无组织，无选择，本末不具，派别不明，惟以多为贵,而社会亦欢迎之。盖如久处灾区之民,草根木皮,冻雀腐鼠,罔不甘之,朵颐大嚼,其能消化与否不问,能无召病与否更不问也,而亦实无卫生良品足以为代。

时独有侯官严复,先后译赫胥黎《天演论》,斯密亚丹《原富》,穆勒约翰《名学》、《群己权界论》,孟德斯鸠《法意》,斯宾塞《群学肄言》等数种,皆名著也。虽半属旧籍,去时势颇远,然西洋留学生与本国思想界发生关系者,复其首也。亦有林纾者,译小说百数十种,颇风行于时,然所译本率皆欧洲第二三流作者。纾治桐城派古文,每译一书,辄"因文见道",于新思想无与焉。

晚清西洋思想之运动,最大不幸者一事焉,盖西洋留学生殆全体未尝参加于此运动。运动之原动力及其中坚,乃在不通西洋语言文字之人。坐此为能力所限,而稗贩、破碎、笼统、肤浅、错误诸弊,皆不能免。故运动垂二十年,卒不能得一健实之基础,旋起旋落,为社会所轻。就此点论,则畴昔之西洋留学生,深有负于国家也。

而一切所谓"新学家"者,其所以失败,更有一总根原,曰不以学问为目的而以为手段。时主方以利禄饵诱天下,学校一变名之科举,而新学亦一变质之八股。学子之求学者,其什中八九,动机已不纯洁,用为"敲门砖",过时则抛之而已。此其劣下者,可勿论。其高秀者,则亦以"致用"为信条,谓必出所学举而措之,乃为无负。殊不知凡学问之为物,实应离"致用"之意味而独立生存,真所谓"正其谊不谋其利,明其道不计其功"。质言之,则有"书呆子",然后有学问也。晚清之新学家,欲求其如盛清先辈具有"为经学而治经学"之精神者,渺不可得,其不能有所成就,亦何足怪? 故光、宣之交,只能谓为清学衰落期,并新思想启蒙之名,亦未敢轻许也。

三十 〔晚清思想界—伏流——佛学〕

晚清思想家有一伏流,曰佛学。

前清佛学极衰微,高僧已不多;即有,亦于思想界无关系。其在居士中,清初王夫之颇治相宗,然非其专好。至乾隆时,则有彭绍升、罗有高,笃志信仰。绍升尝与戴震往复辨难(《东原集》)。其后龚自珍受佛学于绍升(《定庵文集》有《知归子赞》。知归子即绍升),晚受菩萨戒。魏源亦然,晚受菩萨戒,易名承贯,著《无量寿经会译》等书。龚、魏为"今文学家"所推奖,故"今文学家"多兼治佛学。

石埭杨文会,少曾佐曾国藩幕府,复随曾纪泽使英,夙栖心内典,学问博而道行高。晚年息影金陵,专以刻经弘法为事。至宣统三年武汉革命之前一日圆寂。文会深通"法相"、"华严"两宗，而以"净土"教学者。学者渐敬信之。谭嗣同从之游一年，本其所得以著《仁学》，尤常鞭策其友梁启超。启超不能深造，顾亦好焉，其所著论，往往推挹佛教。康有为本好言宗教，往往以己意进退佛说。章炳麟亦好法相宗，有著述。故晚清所谓新学家者，殆无一不与佛学有关系，而凡有真信仰者率皈依文会。

经典流通既广，求习较易，故研究者日众。就中亦分两派，则哲学的研究，与宗教的信仰也。西洋哲学既输入，则对于印度哲学，自然引起连带的兴味。而我国人历史上与此系之哲学因缘极深，研究自较易，且亦对于全世界文化应负此种天职，有志者颇思自任焉。然其人极稀，其事业尚无可称述。社会既屡更丧乱，厌世思想，不期而自发生，对于此恶浊世界，生种种烦恼悲哀，欲求一安心立命之所；稍有根器者，则必遁逃而入于佛。佛教本非厌世，本非消极，然真学佛而真能赴以积极精神者，谭嗣同外，殆未易一二见焉。

学佛既成为一种时代流行，则依附以为名高者出焉。往往有夙昔稔恶或今方在热中奔竞中者,而亦自托于学佛,今日听经打坐,明日黩货陷人。净宗他力横超之教,本有"带业往生"一义。稔恶之辈,断章取义,日日勇于为恶,恃一声"阿弥陀佛",谓可涤拔无余,直等于"罗马旧教"极敝时,忏罪与犯罪,并行不悖。又中国人中迷信之毒本甚深,及佛教流行,而种种邪魔外道惑世诬民之术,亦随而复活,乩坛盈城,图谶累牍。佛弟子曾不知其为佛法所诃,为之推波助澜,甚至以二十年前新学之巨子,犹津津乐道之。率此不变,则佛学将为思想界一大障,虽以吾辈夙尊佛法之人,亦结舌不敢复道矣。

蒋方震曰:"欧洲近世史之曙光,发自两大潮流。其一,希腊思想复活,则'文艺复兴'也;其二,原始基督教复活,则'宗教改革'也。我国今后之新机运,亦当从两途开拓,一为情感的方面,则新文学新美术也;一为理性的方面,则新佛教也。"(《欧洲文艺复兴时代史》自序)吾深韪其言。中国之有佛教,虽深恶之者终不能遏绝之,其必常为社会思想之重要成分,无可疑也。其益社会耶? 害社会耶? 则视新佛教徒能否出现而已。

更有当附论者,曰基督教。基督教本与吾国民性不近,故其影响甚微。其最初传来者,则旧教之"耶稣会"一派也,明士大夫徐光启辈,一时信奉。入清转衰,重以教案屡起,益滋人厌。新教初来,亦受其影响。其后国人渐相安,而教力在欧洲已日杀矣。各派教会在国内事业颇多,尤注意教育,然皆竺旧,乏精神。对于数次新思想之运动,毫未参加,而间接反有阻力焉。基督教之在清代,可谓无咎无誉,今后不改此度,则亦归于淘汰而已。

三十一 〔前清学风与欧洲文艺复兴的异点〕

前清一代学风,与欧洲文艺复兴时代相类其多。其最相异之一点,则美术文学不发达也。

清之美术(画)虽不能谓甚劣于前代,然绝未尝向新方面有所发展,今不深论。

其文学,以言夫诗,真可谓衰落已极。吴伟业之靡曼,王士禛之脆薄,号为开国宗匠。乾隆全盛时,所谓袁(枚)、蒋(士铨)、赵(翼)①三大家者,臭腐殆不可向迩。诸经师及诸古文家,集中多亦有诗,则极拙劣之砌韵文耳。嘉道间,龚自珍、王昙、舒位,号称新体,则粗犷浅薄。咸同后,竞宗宋诗,只益生硬,更无余味。其稍可观者,反在生长僻壤之黎简、郑珍辈,而中原更无闻焉。直至末叶,始有金和、黄遵宪、康有为,元气淋漓,卓然称大家。

以言夫词,清代固有作者,驾元明而上,若纳兰性德、郭麐、张惠言、项鸿祚、谭献、郑文焯、王鹏运、朱祖谋,皆名其家,然词固所共指为小道者也。

以言夫曲,孔尚任《桃花扇》、洪昇《长生殿》外,无足称者;李渔、蒋士铨之流,浅薄寡味矣。

以言夫小说,《红楼梦》只立千古,余皆无足齿数。

以言夫散文,经师家朴实说理,毫不带文学臭味;桐城派则以文为"司空城旦"矣。其初期魏禧、王源较可观,末期则魏源、曾国藩、康有为。清人颇自夸其骈文,其实极工者仅一汪中,次则龚自珍、谭嗣同。其最著名之胡天游、邵齐焘、洪亮吉辈,已堆垛柔曼无生气,余子更不足道。

要而论之,清代学术,在中国学术史上,价值极大;清代文艺美术,在中国文艺史美术史上,价值极微;此吾所敢昌言也。

清代何故与欧洲之"文艺复兴"异其方向耶? 所谓"文艺复兴"者,一言以蔽之,曰返于希腊。希腊文明,本以美术为根干,无美术则无希腊,盖南方岛国景物妍丽而多变化之民所特产也。而意大利之位置,亦适与相类。希腊主要美术在雕刻,而其实物多传于后。故维那神像(雕刻裸体女神)之发掘,为文艺复兴最初之动机;研究学问上古典,则其后起耳。故其方向特趋重于美术,宜也。我国文明,发源于北部大平原。平原雄伟广荡而少变化,不宜于发育美术。所谓复古者,使古代平原文明之精神复活,其美术的要素极贫乏,则亦宜也。

然则曷为并文学亦不发达耶?

欧洲文字衍声,故古今之差变剧;中国文字衍形,故古今之差变微。文艺复兴时之欧人,虽竞相与研究希腊,或径以希腊文作诗歌及其他著述,要之欲使希腊学普及,必须将希腊语译为拉丁或当时各国通行语,否则人不能读。因此,而所谓新文体(国语新文学)者,自然发生,如六朝隋唐译佛经,产生一种新文体,今代译西籍,亦产出一种新文体,相因之势然也。

我国不然,字体变迁不剧,研究古籍,无待迻译。夫《论语》、《孟子》,稍通文义之人尽能读也,其不能读《论语》、《孟子》者,则并《水浒》、《红楼》亦不能读也,故治古学者无须变其文与语。既不变其文与语，故学问之实质虽变化，而传述此学问之文体语体无变化，此清代文无特色之主要原因也。重以当时诸大师方以崇实黜华相标榜，顾炎武曰："一自命为文人，便无足观。"（《日知录》二十）[2]所谓"纯文艺"之文，极所轻蔑。高才之士，皆集于"科学的考证"之一途。其向文艺方面讨生活者，皆第二派以下人物，此所以不能张其军也。

---

[1] 夹注人名，《改造》原刊误作"执信"，《饮冰室合集》本因袭未改。商务版单行本更正作"翼"，是。

[2] 按此引语及出处均误。原文乃顾炎武引宋刘挚语："宋刘挚之训子孙，每曰：'士当以器识为先，一号为文人，无足观矣！'然则以文人名于世，焉足重哉！"见《日知录》卷19"文人之多"。

三十二 〔清代自然科学为何不发达〕

问曰:吾子屡言清代研究学术,饶有科学精神,何故自然科学,于此时代并不发达耶?

答曰:是亦有故。文化之所以进展,恒由后人承袭前人知识之遗产,继长增高。凡袭有遗产之国民,必先将其遗产整理一番,再图向上,此乃一定步骤。欧洲文艺复兴之价值,即在此。故当其时,科学亦并未发达也,不过引其机以待将来。清代学者,刻意将三千年遗产,用科学的方法大加整理,且亦确已能整理其一部分。凡一国民在一时期内,只能集中精力以完成一事业,且必须如此,然后事业可以确实成就。清人集精力于此一点,其贡献于我文化者已不少,实不能更责以其他。

且其趋势,亦确向切近的方面进行,例如言古音者,初惟求诸《诗经》《易经》之韵,进而考历代之变迁,更进而考古今各地方音,遂达于人类发音官能构造之研究,此即由博古的考证引起自然科学的考证之明验也。故清儒所遵之途径,实为科学发达之先驱,其未能一蹴即几者,时代使然耳。

复次,凡一学术之发达,必须为公开的且趣味的研究,又必须其研究资料比较的丰富。我国人所谓"德成而上,艺成而下"之旧观念,因袭已久,本不易骤然解放,其对于自然界物象之研究,素乏趣味,不能为讳也。科学上之发明,亦何代无之? 然皆带秘密的性质,故终不能光大,或不旋踵而绝,即如医学上证治与药剂,其因秘而失传者,盖不少矣。凡发明之业,往往出于偶然。发明者或并不能言其所以然,或言之而非其真,及以其发明之结果公之于世,多数人用各种方法向各种方面研究之,然后偶然之事实,变为必然之法则。此其事非赖有种种公开研究机关——若学校若学会若报馆者,则不足以收互助之效,而光大其业也。夫在清代则安能如是? 此又科学不能发生之一原因也。

然而语一时代学术之兴替,实不必问其研究之种类,而惟当问其研究之精神。研究精神不谬者,则施诸此种类而可成就,施诸他种类而亦可以成就也。清学正统派之精神,轻主观而重客观,贱演绎而尊归纳,虽不无矫枉过正之处,而治学之正轨存焉。其晚出别派(今文学家)能为大胆的怀疑解放,斯亦创作之先驱也。此清学之所为有价值也欤?

三十三 〔结语〕

读吾书者，若认其所采材料尚正确，所批评亦不甚纰缪，则其应起之感想，有数种如下。

其一，可见我国民确富有"学问的本能"。我国文化史确有研究价值，即一代而已见其概。故我辈虽当一面尽量吸收外来之新文化，一面仍万不可妄自菲薄，蔑弃其遗产。

其二，对于先辈之"学者的人格"，可以生一种观感。所谓"学者的人格"者，为学问而学问，断不以学问供学问以外之手段。故其性耿介，其志专一，虽若不周于世用，然每一时代文化之进展，必赖有此等人。

其三，可以知学问之价值，在善疑，在求真，在创获。所谓研究精神者,归著于此点。不问其所疑所求所创者在何部分,亦不问其所得之巨细,要之经一番研究,即有一番贡献。必如是始能谓之增加遗产,对于本国之遗产当有然,对于全世界人类之遗产亦当有然。

其四,将现在学风与前辈学风相比照,令吾曹可以发现自己种种缺点。知现代学问上笼统影响凌乱肤浅等等恶现象,实我辈所造成。此等现象,非彻底改造,则学问永无独立之望,且生心害政,其流且及于学问社会以外。吾辈欲为将来之学术界造福耶? 抑造罪耶? 不可不取鉴前代得失以自策厉。

吾著此书之宗旨,大略如是。而吾对于我国学术界之前途,实抱非常乐观。盖吾稽诸历史,征诸时势,按诸我国民性,而信其于最近之将来,必能演出数种潮流,各为充量之发展。吾今试为预言于此,吾祝吾观察之不谬,而希望之不虚也。

一、自经清代考证学派二百余年之训练,成为一种遗传,我国学子之头脑,渐趋于冷静缜密。此种性质,实为科学成立之根本要素。我国对于"形"的科学(数理的),渊源本远,根柢本厚;对于"质"的科学(物理的),因机缘未熟,暂不发展。今后欧美科学，日日输入，我国民用其遗传上极优粹之科学的头脑，凭借此等丰富之资料，瘁精研究，将来必可成为全世界第一等之"科学国民"。

二、佛教哲学，本为我先民最珍贵之一遗产，特因发达太过，末流滋弊，故清代学者，对于彼而生剧烈之反动。及清学发达太过，末流亦敝，则还元的反动又起焉。适值全世界学风，亦同有此等倾向，物质文明烂熟，而"精神上之饥饿"益不胜其苦痛。佛教哲学，盖应于此时代要求之一良药也。我国民性，对于此种学问，本有特长，前此所以能发达者在此，今后此特性必将复活。虽然，隋唐之佛教，非复印度之佛教，而今后复活之佛教，亦必非复隋唐之佛教。质言之，则"佛教上之宗教改革"而已。

三、所谓"经世致用"之一学派，其根本观念，传自孔孟，历代多倡道之，而清代之启蒙派晚出派，益扩张其范围。此派所揭橥之旗帜，谓学问有当讲求者，在改良社会增其幸福，其通行语所谓"国计民生"者是也。故其论点，不期而趋集于生计问题。而我国对于生计问题之见地，自先秦诸大哲，其理想皆近于今世所谓"社会主义"。二千年来生计社会之组织,亦蒙此种理想之赐,颇称均平健实。今此问题为全世界人类之公共问题,各国学者之头脑,皆为所恼。吾敢言我国之生计社会,实为将来新学说最好之试验场,而我国学者对于此问题,实有最大之发言权,且尤当自觉悟其对此问题应负最大之任务。

四、我国文学美术,根柢极深厚,气象皆雄伟,特以其为"平原文明"所产育,故变化较少。然其中徐徐进化之迹,历然可寻,且每与外来之宗派接触,恒能吸受以自广。清代第一流人物,精力不用诸此方面,故一时若甚衰落,然反动之征已见。今后西洋之文学美术,行将尽量输入,我国民于最近之将来,必有多数之天才家出焉,采纳之而傅益以己之遗产,创成新派,与其他之学术相联络呼应,为趣味极丰富之民众的文化运动。

五、社会日复杂,应治之学日多,学者断不能如清儒之专研古典;而固有之遗产,又不可蔑弃,则将来必有一派学者焉,用最新的科学方法,将旧学分科整治,撷其粹,存其真,续清儒未竟之绪，而益加以精严，使后之学者既节省精力，而亦不坠其先业；世界人之治"中华国学"者，亦得有藉焉。

以吾所观察所希望，则与清代兴之新时代，最少当有上列之五大潮流，在我学术界中，各为猛烈之运动，而并占重要之位置。若今日者，正其启蒙期矣。吾更愿陈馀义以自厉，且厉国人。

一、学问可嗜者至多，吾辈当有所割弃然后有所专精。对于一学，为彻底的忠实研究，不可如刘献廷所谓"只教成半个学者"（《广阳杂记》卷五），力洗晚清笼统肤浅凌乱之病。

二、善言政者，必曰"分地自治，分业自治"；学问亦然，当分业发展，分地发展。分业发展之义易明，不赘述。所谓分地发展者，吾以为我国幅员，广埒全欧，气候兼三带，各省或在平原，或在海滨，或在山谷。三者之民，各有其特性，自应发育三个体系以上之文明。我国将来政治上各省自治基础确立后，应各就其特性，于学术上择一二种为主干。例如某省人最宜于科学，某省人最宜于文学美术，皆特别注重，求为充量之发展。必如是，然后能为本国文化、世界文化作充量之贡献。

三、学问非一派可尽。凡属学问,其性质皆为有益无害,万不可求思想统一,如二千年来所谓"表章某某、罢黜某某"者。学问不厌辨难,然一面申自己所学,一面仍尊人所学,庶不至入主出奴,蹈前代学风之弊。

吾著此篇竟,吾感谢吾先民之饷遗我者至厚,吾觉有极灿烂庄严之将来横于吾前!

附录

《清代学术概论》序①

　　方震编《欧洲文艺复兴史》既竣，乃征序于新会。而新会之序，量与原书埒，则别为《清学概论》，而复征序于震。震惟由复古而得解放，由主观之演绎进而为客观之归纳，清学之精神，与欧洲文艺复兴，实有同调者焉。虽然，物质之进步，迟迟至今日，虽当世士大夫大声以倡科学，而迄今乃未有成者，何也？

　　且吾于清学发达之历史中亦有数疑问：

　　一、耶稣会挟其科学东来，适当明清之际，其注意尤在君主及上流人，明之后、清之帝皆是也。清祖康熙，尤喜其算，测地量天，浸浸乎用之实地矣。循是以发达，则欧学自能逐渐输入。顾何以康熙以后,截然中辍,仅余天算,以维残垒?

二、致用之学,自亭林以迄颜李,当时几成学者风尚。夫致用云者,实际于民生有利之谓也,循是以往,亦物质发达之门。顾何以方向转入于经典考据者,则大盛,而其余独不发达?至高者,勉为附庸而已。

三、东原理欲之说震古铄今,此真文艺复兴时代个人享乐之精神也。"遏欲之害,甚于防川",兹言而在中国,岂非奇创?顾此说独为当时所略视,不惟无赞成者,且并反对之声而不扬,又何故?

四、迨至近世,震于船坚炮利,乃设制造局,译西书,送学生,振振乎有发达之势矣。顾今文学之运动,距制造局之创设,后二十余年,何以通西文者,无一人能参加此运动?而变法维新、立宪革命之说起,则天下翕然从之,夺格致化学之席,而纯正科学,卒不扬?

此其原因有原于政治之趋势者。清以异族,入主中夏,致用之学,必遭时忌,故藉朴学以自保,此其一也。康熙末年,诸王相竞,耶稣会党太子,喇吗党雍正(此言夏穗卿先生为我言之),既失败于外,又遭谗于罗马,而传教一事乃竟为西学输入之一障害。此其二也。有原于社会之风尚者。民族富于调和性,故欧洲之复古为冲突的,而清代之复古,虽抨击宋学,而凭圣经以自保,则一变为继承的,而转入于调和,轮廓不明了,此科学之大障也。此其三。民族尚谈玄。艺术一途,社会上等诸匠人,而谈空说有者,转足以自尊。此其四。今时局机运稍稍变矣,天下方竞言文化事业,而社会之风尚,犹有足以为学术之大障者,则受外界经济之影响,实利主义兴,多金为上,位尊次之,而对于学者之态度,则含有迂远不适用之意味。而一方则谈玄之风犹未变。民治也,社会也,与变法维新立宪革命等是一名词耳,有以异乎? 无以异乎? 此则愿当世君子有以力矫之矣。

民国十年正月二日　蒋方震

---

① 蒋方震(百里)此序,原列《清代学术概论》单行本卷首现作附录,以资读者了解本书写作缘起。

校订赘语

上海古籍出版社拟出一套普及性的近代中国学术名著丛书,对象是渴求人文学科入门知识的广大读者,因而决定要选精校本,并在每种前面都找有关专家写一篇"导论"。

承上海古籍出版社不弃,于其中《清代学术概论》一种,选了我的校订本,并命我写一篇"有学术份量"的导论。

去年初夏,谷玉女士便向我转达了上海古籍出版社赵昌平总编和张晓敏先生等的要求。当时我十分为难。因为从六十年代初,那时我作为周予同师主编《中国历史文选》的年轻助手,便与该社前身中华书局上海编辑所结缘,在长达五年的时间里,尤得《中国历史文选》的首任责编胡道静先生的教益。七十年代末,我受予同师委托,修订这部大学文科教材,又和新任责编姜俊俊女士,有过愉快的合作。转眼三十多年过去了,我垂垂老矣,上海古籍出版社仍不嫌弃我的迂论,促我结集已刊未刊的旧文若干篇,于去年出版了拙著《求索真文明——晚清学术史论》一书,其中便涵泳了赵昌平、张晓敏先生和谷玉女士的辛劳。有这样渊深日久的高谊,令我对此要求难以婉拒。

然而去岁我实在很想婉拒。理由不是因为终年穷忙,而是因为去春家母即卧病,屡报病危,令我心胆屡碎,不停地往返于沪锡道上,除教书外,便一念专注于慈亲病况。直到去岁八月家母终于不起,我在悲恸之余,又匆忙准备应命前往韩国高丽大学承乏中国史客座教席。禁不住谷玉女士再三登门敦促,我只好同意重斠这部论清学史的经典性名著。

至于校本,原是十余年前的旧稿,这次略有修正。除重据《改造》原刊、商务版《共学社史学丛书》单行本、中华版《饮冰室合集》本以及商务版《大学丛书》本酌正原文外,还增加了若干脚注。所有脚注,都着眼于原书史料正误,而于原书所述史实确否,见解当否,都不予置评,否则不如自撰一部诠释性著作。书中引文,曾请复旦大学研究生吴通福先生初校。还必须感谢香港中文大学的博士候选人黎汉基先生。黎先生对拙校注《梁启超论清学史二种》,于原著引文多次覆校,不断赐函指正,这个校本也采纳了他的三条意见。

朱维铮

1997 年 5 月 18 夜半

附记:谷玉女士于今年六月便将这个校本的小样给我,并面示至迟在八月中旬退样。当时我满以为暑期访美两月间,无冗事,必可校毕,故说没问题。岂知在彼岸又忙碌不堪,仅粗阅小样一过。特别是本书二十六节内引"乙卯年《国风报》"一段文字,在十五年前我校注《梁启超论清学史二种》时便未查出引文出处,只能以"待考"含混了之。这回自觉非释此积疑不可。日前自美返,又将此小样细阅一过,仍余此疑。感谢谷玉女士的敦促,迫使我放下手边诸稿,穷一日夜重阅《饮冰室合集》,终于检索到其出处。从事校注三十余年,为校引文,耗费生命不知凡几,这又是一则新例。记此以见"校书之难"。1997 年 9 月 12 日。